《领袖演说秘训》班深圳大梅沙留影

《领袖演讲》班杭州 EMC 小灶班

《99 赢利系统》策略班课堂合影

蓝天家居经销商总裁班合影

作者服务蓝天家居，与蓝天家居董事长及营销精英合影

作者服务水星家居，与水星家居董事长及营销精英

顾家大学首批内部讲师颁证仪式

作者与李践老师（右）于全国公益演讲会现场

作者与刘松琳老师（右）于全国公益演讲会现场

作者与世界激励大师约翰库提斯（右）

作者与演讲家彭清一老师（左）

作者与易发久老师（左）

演讲家宣言

我喜欢演讲！

我热爱演讲！

我是天生的演讲家！

我坚信，我一定做得到！

演讲与口才

——陈义生的演讲与成交秘籍

陈义生 著

图书在版编目(CIP)数据

演讲与口才：陈义生的演讲与成交秘籍／陈义生著. —杭州：浙江工商大学出版社，2018.4(2018.6重印)
ISBN 978-7-5178-2658-3

Ⅰ. ①演… Ⅱ. ①陈… Ⅲ. ①演讲②口才学 Ⅳ. ①H019

中国版本图书馆CIP数据核字(2018)第061810号

演讲与口才
——陈义生的演讲与成交秘籍
陈义生 著

责任编辑 吴岳婷
封面设计 林朦朦
责任印制 包建辉
出版发行 浙江工商大学出版社
(杭州市教工路198号 邮政编码310012)
(E-mail:zjgsupress@163.com)
(网址:http://www.zjgsupress.com)
电话:0571-88904980,88831806(传真)
排　　版 杭州朝曦图文设计有限公司
印　　刷 杭州恒力通印务有限公司
开　　本 710mm×1000mm 1/16
印　　张 14
字　　数 229千
版 印 次 2018年4月第1版 2018年6月第2次印刷
书　　号 ISBN 978-7-5178-2658-3
定　　价 42.00元

浙江工商大学出版社营销部邮购电话 0571-88904970

前　言

我之所以写这本书分享一些演讲、会销、成交的心得，是因为我从1996年第一次上台演讲至今，二十余年来，经历过大大小小超过1300场次的演讲实践，约有20万人听过我的演讲，如果加上通过影像视频听我演讲的人，总数应该超过50万了，在这些听众当中，常有人对我说，能学会演讲，是他人生最大的梦想，还有人说，如果能够教会他演讲并让他通过演讲成交客户，交多少学费都可以。确实，作为企业领袖、团队领导者或销售人员，演讲是非常重要的一项能力，如果还能设计成交模式，并结合演讲批发式成交客户，让团队甚至企业业绩成倍提升，我想，这样的人才不论在哪个行业都是稀缺的，毫无疑问必定属于高收入人群。

演讲，正是现代企业中所有渴望更进一步的人所必备的技能。

公司会议、激励团队时，你渴望你的下属听完你的讲话自信满满、热血沸腾、斗志昂扬，让团队的凝聚力、战斗力成倍提升吗？

招商引资、会议营销时，你渴望你的客户、合作伙伴听完你的讲话热情四溢、兴奋无比，排起长队疯狂抢购你的产品吗？

受邀演说、公众讲话时，你渴望随时随地都能泰然自若、侃侃而谈，为你的公司和自己塑造出无懈可击的一流总裁形象吗？

扩大规模、吸引人才时，你渴望通过一场震撼心灵的演讲达到振臂一呼、应者云集，让优秀人才心甘情愿追随你的效果吗？

如果你有以上的需求，那么认真阅读本书，相信对你会有很大的启发与帮助，也能找到你想要的答案。

陈义生

2017 年 12 月 29 日

目　录

第一篇　演讲，你准备好了吗

第二篇　陈义生的演讲独门秘籍

第三篇　演讲实战精解

第一篇

演讲，你准备好了吗

第一讲　我理解的演讲

演讲是“讲”和“演”的有机结合

经常会有学生问我这样的问题:“老师,到底什么是演讲?”

演讲又叫讲演或演说,是指在公众场所,以有声语言为主要手段,以体态语言为辅助手段,针对某个具体问题,鲜明、完整地发表自己的见解和主张,阐明事理或抒发情感,进行宣传鼓动的一种语言交际活动。这是演讲这个词的概念。而我的理解是,演讲应分为两个层面,一是“讲”和“演”,二是一对多的“沟通”。

首先,“讲”是在特定的时间和场景中把特定的内容,完整、清晰地表达出来,同时能够引起听众在思想上的认同,并有可能引发具体行动的表达过程。

很多人对演讲的理解就停留在对着众人讲话,讲完算数的这个层面。从演讲的角度而言,这相对来说是初级水平,只要把内容讲清楚,让人听得懂即可,甚至照着稿子读都是可以的。

“讲话”“发言”这些词和动作在官方、正式的场合经常会用到，比较适合于具有程序性和普遍性的内容表达。比如在某些会议上，主持人一般情况下会这样串场：“某某局长对这个问题的分析一针见血、直指核心，为我们就这项工作的开展指明了方向，我们相关部门一定要积极响应、狠抓落实；接下来请某某书记讲话……”这类发言的听众往往指向性非常明确，因为非这个体系内的人可能真的不太“感冒”。

简单的讲话和发言，哪怕内容很重要，最多也就是能引起听众对内容的认知欲。要让人喜欢听，甚至爱上听，考验的就是演讲者“演”的功力了。就比如一部小说，一个是在听书软件上念给你听，一个是在视频网站上给你播放朗读视频，前者就是“讲”，后者是“演讲”。因此，舞台上的声音语言、神态动作是一名演讲者的必修课。

所以，演讲就是“演”和“讲”的有机组合，这两个要素缺一不可。做到“演中有讲，讲中带演”，就达到了演讲的最高境界。

演讲是一对多的高层级的有效沟通

为什么说演讲是一对多的高层级的有效沟通呢？这个我们从演讲的作用和本质上来看就非常容易理解。很多人会说，沟通是双向的交流，而演讲是单向的述说，怎么能说演讲是一种沟通方式呢？是的，从形式上来说确实是这样的，但我的理解是，从形式上来看待这个问题，只能停留在表面，所以要从作用和本质上来看。

从沟通和演讲的本质上来分析，沟通的目的是通过双方的交流达成某一一致的意见、结论、方案或者行动方向；反观演讲，其目的似乎也是演讲者通过表述，获得观众的认可并且使其产生实际的行动，从目的上看，这两者是一致的。

“高层级”是因为靠演讲达成目的的难度比沟通要大得多，上面提到沟通过程中双方是有意见和建议的交换与交流的，而演讲从始至终就是演讲者的一人表述，顶多在过程中听听观众的反馈，最终却要传达某种精神甚至感召观众产生某种行动，不用多说难度自然不是一点点。

至于“一对多”那就很直观了，沟通也有一对多的时候，但顶多也就对三五个，而演讲的“一对多”对的可能就是对三五百甚至三五千人了。

我在教学生演讲的时候事先都会关注他会不会讲话，懂不懂沟通。一个人不会讲话，自然就缺少沟通的技巧。当然，这里的“不会讲话”指的是讲话没有艺术，单纯地直来直往。遇到这样的学生，我往往都会建议他先去读读卡耐基的《人性的弱点》，掌握人性、学会讲话的艺术，再来学习演讲将会事半功倍。尤其是奋战在销售线上的朋友，会讲话或会沟通代表的就是有业绩。我经常举《火蓝刀锋》这部电视剧里蒋小鱼的例子。看过《火蓝刀锋》的朋友对蒋小鱼必定印象深刻，他原来就是一个房产中介，最后成了一名保家卫国的战士，剧中有一段和龙头村委谈判续租海训场场地的情节就是活生生的一个成功销售或者说沟通谈判的案例。可见会说话的作用有多大！建议大家有时间多去看一些关于沟通的书籍，在后面的章节中我也会分享沟通艺术的内容供大家借鉴。

电视剧《火蓝刀锋》中与龙头村委谈判续租海训场对比片段

人物介绍：

邓久光：海训场老兵、教练，负责海训场日常训练事宜。

蒋小鱼：做过房产销售，善言辞，平时爱要小聪明，内心充满正义感。

鲁炎：高才生、游泳冠军，性格孤傲、坦诚、正义。

张冲：性格耿直、讲义气。

刘主任：龙头村委会主任，四十多岁农村妇女，快人快语。

背景介绍：海训场租赁龙头村地皮作为宿舍用地，租期届满，龙头村委将海训场地块高价租售给鼎信集团，鼎信集团项目部带领客户大巴驶入海训场观光，引发后续谈判。

【会议室邓久光与龙头村委会主任通完电话后】

蒋小鱼：教练，这到底是啥情况啊？

邓久光：龙头村委会那个主任给我打电话说咱们土地到期的事，她是提过有个什么鼎信集团要租地开发，当时我以为他们也就是想多要点租金，故意找借口；所以这事压根我就没放在心上，没想到还真有这样的事。

鲁炎：师父，合同上关于租期到期以后是怎么约定的？

邓久光：原来说的是合同到期自动续约，没想到他们现在又变卦了。

蒋小鱼：哎呀，咱们这个地方啊，面朝大海，背靠青山，这么肥的一块肉，不定多少张嘴盯着呢，我想肯定是那个叫什么鼎信集团的出的价更高，半路给咱们截了胡了。

张冲：这不是要把海训场连锅端吗！

邓久光：不行，我得找村委会的人说说，鲁炎，你文化水平高，跟我一块去，小鱼、张冲你们俩留下。

【邓久光带上鲁炎来到龙头村委会，在村委会大门口下了摩托车】

邓久光：待会到了村委会，你想好怎么跟他们说了吗？

鲁炎：师父，您放心吧，到时候我会动之以情，晓之以理。我相信我一定能说服他们，把地继续租给我们海训场。

邓久光：鲁炎啊，这回可就全靠你了。

鲁炎：嗯！

【村委会主任组织村民集会旁观谈判】

邓久光：你看，刘主任，咱们能开始了吗？

刘主任：说吧，我们都听着呢。

鲁炎：大家下午好！我是海训场战士鲁炎。今天我和我教练来到这里是希望大家能够把地继续租给我们海训场。《孙子兵法》说得好："兵者，国之大事，死生之地，存亡之道，不可不察也。"这句话告诉大家军队对一个国家的重要性。大家可以试想一下，如果没有钢铁般的军队、忠诚的军人，哪里来的国泰民安，哪里来的和平生活呢？海训场是我们海军陆战队重要的轮训基地，每年有百分之四十的训练任务要在那里完成……

邓久光：鲁炎，你先停一下。你看，刘主任，咱们今天是座谈会。座谈会就是大家坐下来随便谈，有什么想法都可以直接说出来。

刘主任：好，那我也说说。小伙子，你在那儿说了半天，我们听懂的没几句。你们海训场想继续租地也没问题，开发商给多少钱，你们一分钱也不能少。

鲁炎：主任，做人做事不能只顾自己眼前的利益，你这么做的话，总有一天会为自己的短视而感到后悔！

【邓久光和鲁炎铩羽而归，开着摩托车回到海训场，蒋小鱼与张冲迎上去】

蒋小鱼：教练，怎么样啊？

邓久光：还能咋样，让人家轰回来了呗！

蒋小鱼：要不然明天我和张冲再去试试？

鲁炎：算了吧，你们就别去了，那帮大妈大婶光唾沫星子都快把人淹死了，你们去了也没用。

蒋小鱼：那不一定！张冲，明天跟我去！我给他们唱一出诸葛亮舌战群儒，张无忌大战光明顶！

【次日张冲开着摩托车带着蒋小鱼在去龙头村委会的路上】

蒋小鱼：前面给我停一下，我去买个风筝。

蒋小鱼：秃子，入伍这么长时间，想家没？

张冲：我没家！

蒋小鱼：没家？那你是从石头缝里蹦出来的？

张冲：行行行，哪那么多废话！赶紧想想一会儿咋办吧？

蒋小鱼：你放心，我心里有数。

【蒋小鱼和张冲来到龙头村委会门口，蒋小鱼把风筝送给在村委会门口玩的小朋友】

蒋小鱼：来，小朋友，去帮我把刘主任叫来。

【刘主任出来见到蒋小鱼和张冲】

刘主任：你们两个是海训场的吧。

蒋小鱼：是，您好！您就是刘主任吧。

刘主任：对！

蒋小鱼：真没想到您这么年轻，您今年二十几啊？

刘主任：你们两个是为租地的事来的吧。

张冲：是啊！

蒋小鱼：啥事都瞒不了您，正是！

刘主任：来，大家都安静！过来开个会。来！来，坐吧。

蒋小鱼：各位叔叔阿姨，我是海训场的蒋小鱼。今天来，本来是为了租地的事来跟大家商量商量，可到了这儿以后我改变主意了。

刘主任：咋了？

蒋小鱼：这地确实不能再租给海训场了！

张冲：嘿！嘿！你说啥啊你！

蒋小鱼：我为啥这么说呢？因为我也是在海边长大的，知道现在鱼不好打，钱不好挣。不能因为部队的事就断了村里人的财路，您说对吗？

刘主任：这个小伙子说话在理，比昨天那个明白事多了！

群众：对啊！

蒋小鱼：阿姨，其实我有个私心，我想求您一件事。

刘主任：啥事啊？

蒋小鱼：我想在海边要一小块地，能埋个棺材，建个碑就行。

刘主任：你想葬谁啊？

蒋小鱼：我要葬我的师父。我的师父柳小山，十八岁就参军了。他在侦察连干了五年，在海训场守了七年。一个月前，一伙海盗抢了我们的渔船，杀了我们的渔民。我师父带着我去跟他们拼命，最后撵走了海盗，抢回了渔船。可是我师父柳小山在战斗中牺牲了，他临死前对我说，小鱼，等我死了就把我葬在这片海边，我得守着这儿。我问我师父，你守啥呀？我师父说，我守着这片海，就算我死了也不能让海盗欺负咱们的渔民乡亲。

刘主任：你说的那艘船是不是叫远洋号？

蒋小鱼：是！

群众：刘姐，那不是你们家老三和大东他们出事的那条船吗？

刘主任：小伙子，啥话也别说了，回去告诉老邓，就冲着你师父救了我们村的男人们，这地，你们接着租！

蒋小鱼：阿姨，这使不得吧？

刘主任：我说使得就使得，不就是少挣点钱吗？现在日子好过了，谁家还缺这一星半点的，你们说是不是啊？

群众：对啊！租给他们吧！

蒋小鱼：我替我师父在这里谢谢你们！

学会演讲的好处

很多人纳闷："陈老师，你每次上台演讲都那么激情饱满，即使是内容差不多的两场演讲也准备得一丝不苟，真的很佩服你的这种精神！”这是观众对我演讲的肯定与赞赏！

的确，演讲是一件苦差事，特别是像我这样有时候连续几天几夜地讲，真的非常累，体力透支不是一点点，好多次我从舞台上下来连走路都是抬不动腿的，但我确实乐在其中！这是非演讲者，甚至很多演讲者没有体会过的。

为什么从古至今，演讲活动绵延不衰？其中非常重要的一个原因是演讲具有强烈且广泛的社会作用，有着不可估量的社会价值。我个人最欣赏也是最喜欢的是马丁·路德·金题为《我有一个梦想》的那场演讲，堪称经典。

马丁·路德·金

我有一个梦想

马丁·路德·金

今天,我高兴地同大家一起参加这次将成为我国历史上为争取自由而举行的最伟大的示威集会。

100年前,一位伟大的美国人——今天我们就站在他的雕像前——签署了《解放黑奴宣言》。这项重要法令的颁布,对于千百万灼烤于非正义残焰中的黑奴,犹如带来希望之光的硕大灯塔,恰似结束漫漫长夜禁锢的欢畅黎明。

然而100年后的今天,我们必须正视黑人还没有得到自由这一悲惨的事实。100年后的今天,在种族隔离的镣铐和种族歧视的枷锁下,黑人的生活备受压榨。100年后的今天,黑人仍生活在物质充裕的海洋中一个穷困的孤岛上。100年后的今天,黑人仍然蜷缩在美国社会的角落里,并且意识到自己是故土家园中的流亡者。今天我们在这里集会,就是要把这种骇人听闻的情况公诸世人。

就某种意义而言,今天我们是为了要求兑现诺言而汇集到我们国家的首都来的。我们共和国的缔造者草拟《宪法》和《独立宣言》的气壮山河的词句时,曾向每一个美国人许下了诺言,他们承诺所有人——不论白人还是黑人——都享有不可让渡的生存权、自由权和追求幸福权。

就有色公民而论,美国显然没有实践她的诺言。美国没有履行这项神圣的义务,只是给黑人开了一张空头支票,支票上盖着“资金不足”的戳子后便退了回来。但是我们不相信正义的银行已经破产,我们不相信,在这个国家巨大的机会之库里已没有足够的储备。因此今天我们要求将支票兑现,这张支票将给予我们宝贵的自由和正义保障。

我们来到这个圣地也是为了提醒美国,现在是非常急迫的时刻。现在绝非奢谈冷静下来或服用渐进主义的镇静剂的时候。现在是实现民主的诺言时候,现在是从种族隔离的荒凉阴暗的深谷攀登种族平等的光明大道的时候,现在是向上帝所有的儿女开放机会之门的时候,现在是把我们的国家从种族不平等的流沙中拯救出来,置于兄弟情谊的磐石上的时候。

如果美国忽视时间的迫切性和低估黑人的决心,那么,这对美国来说,将是致命伤。自由和平等的爽朗秋天如不到来,黑人义愤填膺的酷暑就不会过去。1963 年并不意味着斗争的结束,而是开始。有人希望,黑人只要撒撒气就会满足,如果国家安之若素,毫无反应,这些人必会大失所望的。黑人得不到公民的基本权利,美国就不可能有安宁或平静,正义的光明的一天不到来,叛乱的旋风就将继续动摇这个国家的基础。

但是对于等候在正义之宫门口的心急如焚的人们，有些话我是必须说的。在争取合法地位的过程中，我们不要采取错误的做法。我们不要为了满足对自由的渴望而抱着敌对和仇恨之杯痛饮。我们斗争时必须永远举止得体，纪律严明。我们不能容许我们的具有崭新内容的抗议蜕变为暴力行动。我们要不断地升华到以精神力量对付物质力量的崇高境界中去。

现在黑人社会充满着了不起的新的战斗精神，但是不能因此而不信任所有的白人。因为我们的许多白人兄弟已经认识到，他们的命运与我们的命运是紧密相连的，他们今天参加游行集会就是明证。他们的自由与我们的自由是息息相关的。我们不能单独行动。

当我们行动时，我们必须保证向前进。我们不能倒退。现在有人问热心民权运动的人，"你们什么时候才能满足?"

只要黑人仍然遭受警察难以形容的野蛮迫害，我们就绝不会满足。

只要我们在外奔波而疲乏的身躯不能在公路旁的汽车旅馆和城里的旅馆找到住宿之所，我们就绝不会满足。

只要黑人的基本活动范围只是从少数民族聚居的小贫民区转移到大贫民区，我们就绝不会满足。

只要我们的孩子被"仅限白人"的标语剥夺自我和

尊严，我们就绝不会满足。

只要密西西比仍然有一个黑人不能参加选举，只要纽约有一个黑人认为他投票无济于事，我们就绝不会满足。

不！我们现在并不满足，我们将来也不满足，除非正义和公正犹如江海之波涛，汹涌澎湃，滚滚而来。

我并非没有注意到，参加今天集会的人中，有些受尽苦难和折磨，有些刚刚走出窄小的牢房，有些由于寻求自由，曾在居住地惨遭疯狂迫害的打击，并在警察暴行的旋风中摇摇欲坠。你们是人为痛苦的长期受难者。坚持下去吧，要坚决相信，忍受不应得的痛苦是一种赎罪。

让我们回到密西西比去，回到亚拉巴马去，回到南卡罗来纳去，回到佐治亚去，回到路易斯安那去，回到我们北方城市中的贫民区和少数民族居住区去，要心中有数，这种状况是能够也必将改变的。我们不要陷入绝望而不可自拔。

朋友们，今天我对你们说，在此时此刻，我们虽然遭受种种困难和挫折，我仍然有一个梦想，这个梦想深深扎根于美国的梦想之中。

我梦想有一天，这个国家会站立起来，真正实现其信条的真谛："我们认为真理是不言而喻的，人人生而平等。"

我梦想有一天，在佐治亚的红山上，昔日奴隶的儿子将能够和昔日奴隶主的儿子坐在一起，共叙兄弟情谊。

我梦想有一天，甚至连密西西比这个正义匿迹、压迫成风，如同沙漠般的地方，也将变成自由和正义的绿洲。

我梦想有一天，我的四个孩子将在一个不是以他们的肤色，而是以他们的品格优劣来评价他们的国度里生活。

今天，我有一个梦想。我梦想有一天，亚拉巴马州能够有所转变，尽管该州州长现在仍然满口异议，反对联邦法令，但有朝一日，那里的黑人男孩和女孩将能与白人男孩和女孩情同骨肉，携手并进。

今天，我有一个梦想。我梦想有一天，幽谷上升，高山下降；坎坷曲折之路成坦途，圣光披露，满照人间。

这就是我们的希望。我怀着这种信念回到南方。有了这个信念，我们将能从绝望之岭劈出一块希望之石。有了这个信念，我们将能把这个国家刺耳的争吵声，改变成为一支洋溢手足之情的优美交响曲。

有了这个信念，我们将能一起工作，一起祈祷，一起斗争，一起坐牢，一起维护自由；因为我们知道，终有一天，我们是会自由的。

在自由到来的那一天，上帝的所有儿女们将以新的含义高唱这支歌:“我的祖国,美丽的自由之乡,我为您歌唱。您是父辈逝去的地方,您是最初移民的骄傲,让自由之声响彻每个山岗。”

如果美国要成为一个伟大的国家,这个梦想必须实现!

让自由之声从新罕布什尔的巍峨的崇山峻岭响起来!

让自由之声从纽约的崇山峻岭响起来!

让自由之声从宾夕法尼亚的阿勒格尼山响起来!

让自由之声从科罗拉多冰雪覆盖的落基山响起来!

让自由之声从加利福尼亚蜿蜒的群峰响起来!

不仅如此,还要让自由之声从佐治亚的石岭响起来!

让自由之声从田纳西的了望山响起来!

让自由之声从密西西比的每一座丘陵响起来!

让自由之声从每一片山坡响起来!

当我们让自由之声响起,让自由之声从每一个大小村庄、每一个州和每一个城市响起来时,我们将能够加速这一天的到来,那时,上帝的所有儿女,黑人和白人,犹太教徒和非犹太教徒,耶稣教徒和天主教徒,都将手携手,合唱一首古老的黑人歌曲:“自由啦!自由啦!感谢全能上帝,我们终于自由啦!”

我想，单纯地读完这篇演讲稿，或许都会让你有激情澎湃之感。所以一场好的演讲，是充满了能量的。也正因如此，演讲才被古今中外的人们所重视和利用，并一直发挥着它独特的、巨大的作用。很多演讲家的人生价值与社会影响力也在这个过程中得以实现。

同样，演讲也承载着我个人的梦想和人生价值——帮助他人获得成功才是最大的成功！这是我一贯以来对"成功"的理解。

学会演讲的好处有以下几点。

(1)实现人生价值

多年来，我不敢说帮助他人获得了多大的成功，但通过演讲，我确实也帮助了不少学生，丁博就是其中一位。

丁博是我培养的优秀学生之一，现在要称呼丁总了，不过在我们这个行业中，还是称呼他丁博老师更为亲切。丁博老师是2009年我在深圳演讲时结识的，当时丁博在会场异常活跃，还客串主持。最先打动我的，是他标准的普通话，字正腔圆，又很有力量，一听就知道有一定的主持功底，是做培训师的好苗子。

那天演讲结束后，我主动要了他的电话，晚上发信息邀请他来我房间坐坐，没想到，他跟同学们出去 happy 了，说要很晚才能回来，我回了句"不管多晚，我等你"。果然，凌晨 1 点，丁博敲开了我的房门。还好他没喝酒，我是烟酒不沾的人，不太习惯每晚必喝，一喝必醉的人。我们从 1 点钟一口气聊到 4 点钟，聊他的学校、工作、规划，对演讲的兴趣和理解。当聊到我要筹建顾家大学时，丁博很有兴趣，当时我刚到顾家工艺（2012 年更名为顾家家居）不久，负责筹建顾家大学，要招兵买马、物色苗子、组建团队。没想到我的这份真诚和对顾家大学的构想、愿景打动了丁博，他竟然当场决定跟我到杭州，来顾家工作。送他走出房间后，我即刻收拾行李、洗漱，准备赶往机场了，那天我是早上 8 点的飞机。虽一夜未眠，但吸引了一位人才加入顾家大学，我一点也不觉得累。

丁博入职顾家后，我有意识地给他创造了很多演讲实践的机会，在我的指导和他自身的努力下，他的演讲水平与日俱增，进步神速，他参加杭州下沙的主持人比赛，多次获奖。在顾家大学工作了近三年，他不但学会了演讲，更积累了很多市场、营销的工作经验。后他到海宁的友邦吊顶做培训师、市场督导、营销总监。如今，担任艾格木装饰公司的总经理，事业上可谓风生水起。

丁博老师在顾家第一次上台讲课时，我亲自为其送花

(2)吸引好人才

很多企业领袖、团队领导对优秀人才的需求如饥似渴。确实，要想企业做强做大，必须要有优秀的人才作为基础。没有合适的人才，企业发展壮大必然受到限制。自古帝王坐拥天下都有“千军易得，一将难求”的感叹，可见人才的重要性。从组织的角度而言，人才从哪里来？“内培外引”这四个字我想只要有一点人力资源基础的都知道，只是真正干起来恐怕没有那么容易，尤其是“外引”，如何从外部引进人才，真的考验一个人的口才或者说是语言魅力。就拿我加盟博天来说，正是周立波老师的好口才吸引了我。

人生真的是一场奇妙的旅程，不论是学习、工作还是生活，每分钟我们都面临着不同的选择。选择不仅是一种智慧,更是一种缘分,回想起加盟博天的缘分,其实多年前便已结下。博天国际是2003年周立波老师和周国兵老师在深圳龙岗创办的,前身叫销售前线,2008年更名为博天国际,屈指数来也已走过14个年头。14年来,博天一直以推动中国家居行业健康发展为使命,专注于家居行业的培训。早在博天创办初期我便受时任总经理的周国兵老师之邀,到广东佛山为一家具协会讲课。结果因为在信息对接过程中出了点差错,原本300来人的场,只来了7位学员,这7个人中还有不是从事家具行业的。课程讲到一半,走掉了6人,只剩下了1名学员。这种情况若是换了别的老师可能就直接下课了,但我依然如讲几百人的场一样,激情四射、一气呵成地把课讲完。或许就因为这份责任心给周国兵老师留下了深刻的印象,即使我当时还在企业工作,也总是收到博天的授课邀请。

2015年2月,春节前夕,博天国际的周立波老师、周国兵老师、侯德峰老师三人亲自来杭州,邀请我加入博天,成为合伙人。但那时我并没想过到培训机构去工作,做培训师,也没有意向加入博天平台,因为我多年来一直在企业做培训,对企业培训的运营模式非常了解,对企业大学建设也有经验,在当时的工作岗位上可以说驾轻就熟、游刃有余。

那天,我安排老师们入住浙江宾馆,酒店毗邻西湖,群山掩映、绿树环抱、环境幽雅,是我最喜欢的度假酒店之一。我们在酒店房间整整聊了两天,其间三位老师把博天的现状、发展规划、我去博天的意义包括待遇等,几乎各个方面都与我聊透,我还是没有做出决定。最后，周立波老师的一句话打动了我，让我决定加入博天。他说："陈老师，你在一家企业工作就只能帮助一家企业，但是在博天这个平台上，您将能帮到全国的家具企业，会体现更大的价值！"就因这一句话，我感受到了周立波老师的胸怀与格局，我当场做出决定，义无反顾地加入博天。可见，语言的魅力有多大，拥有好口才，才能吸引好人才！

当时，我有感而发，写了首藏头诗："博通四海渡苍生，天降大任周侯陈。汇智论剑西湖畔，德行天下绘春秋。"然后，我们敞开胸怀紧紧拥抱，四双有力的手握在了一起！

我和博天国际周立波老师、周国兵老师、侯德峰老师的合影

(3)提升自我涵养

演讲活动对演讲者本身涵养的提升也有着莫大的促进作用。在演讲过程中,如果做到博古通今阐述主题、旁征博引支撑观点、引经据典展示案例,言辞做到精准到位,听众自然听得肃然起敬、大呼过瘾。而所有这些的呈现都需要演讲者拥有异常丰富的知识储备,因此演讲者要善于通过不同的途径学习、提升自我。就拿我来说,我的学习途径大概有三条。第一自然是网络,现在人们手机上必装的 APP 就是微信,通过微信朋友圈的确可以获取不少的有效内容,关于管理的、心态的、销售的、演讲的等等,当然也有不少好几年前就疯传,早已过时的一些心灵鸡汤。

我们这一行对时事新闻也需要有特别的敏感度,很多灵感和智慧就是来源于这些日常新闻。获取这些信息也很简单,目前新闻 APP 很多,如腾讯新闻、今日头条、网易新闻、新浪新闻等,我个人比较习惯用网易新闻客户端。

第二条就是看书了,利用一些行程上的空余时间淘本好书看是一种很好的获取知识的方式。机场和高铁站内到处可见各种书店,等飞机、高铁的闲暇不妨走进书店翻阅浏览,便能了解最新上架的书,又打发了时间。

第三条就是培训学习了,想要成为一名优秀的演讲者,不参加培训学习是不行的。坦白来说,我自己的成长历程中也有过很多与同行学习交流的经历,其中不乏大师的指点。

"腹有诗书气自华",我认为用这句话来形容和要求演讲者是非常贴切的。肚子里有料了,自然有东西讲,讲出来也接地气了。我建议演讲者要多读史书,许多历史事件可以作为演讲的案例素材来学习和分析。古人云:“以铜为鉴,可以正衣冠;以史为鉴,可以知兴替;以人为鉴,可以明得失。”这也算是快速提升演讲者内涵的一种途径吧。

之前我有一门课程叫《毛泽东智慧与企业运营》,有一位女学员听完我讲课后说,要是我去给她上历史课,她一定能考一百分。外人看来这或许是学生给我的课程的一种高度评价,但我认为这就是演讲者钻研历史的好处,历史本身有些枯燥,通过演讲者的表述令其更加生动形象,自然更能吸引听众的耳目。

以上三条是我认为学会演讲给我带来的最重要的好处,真要一一罗列演讲的好处肯定远远不止这些。看一看这些,对于之前缺乏演讲经验的学员而言,最起码上台发言不会太紧张,商务谈判会更顺畅一些,激励部属会更有效吧。

我与中国四大演讲家之一彭清一老师

我与世界销售大师乔吉拉德夫人

第二讲　学好演讲的前提：学会沟通

我在上一讲中提到，演讲是一种高层级的沟通。从概念上理解，沟通就是交换双方各自的思想、观点、方案，以求达成共识的交流过程，可能是一对一的，也可能是一对多的。

在日常经营活动中，我们经常可以听到类似“沟通不畅”“沟通成本”“缺少沟通”这样的字眼。调查显示，很多管理者有约70％的时间用在沟通上，而70％的问题是由于沟通障碍引起的，种种现象和数据表明“沟通”似乎是一件非常难的事情。

在我看来，沟通其实并不难，关键在于怎么表达。确实，我也遇到过一些人，明明是一件好事情，但从他们口里说出来听着就像是坏事情一样；但同样也有能把明显是一件坏事情说成好事的人。这两类人的区别在哪里？显而易见就是表达的方式不同或者更直接点说“沟通艺术”不一样。

一个人必须知道对谁说、说什么、怎么说、什么时候说，就如同站在月球来看地球一般清晰明了地知道和布局自己所要表达的内容，不管是对朋友、同事、陌生人还是业务，才能进一步加深双方的接纳与了解程度,帮助迅速达成共识。

拥有良好的口才,能使我们在面对各种问题时得心应手,顺利通往成功的大门。

沟通艺术的基础:多听少说

“智者善听,愚者善说”从字面意思理解是说充满智慧的人善于倾听别人说话,而那些愚笨的人善于滔滔不绝地表达自己的观点、意见和想法。当然,并不是说善于表达的人就是愚蠢的,善于倾听的人就是智慧的。我个人把这八个字理解为与人交流、沟通时的一种智慧,用大白话来说就是“多听少说”。

多少企业家、职业经理人把“沟通会”变成了“宣讲会”甚至是“一言堂”,嘴上说的是这个事情我们沟通一下,而实际上是把自己内心的想法与决定宣布给对方,还沾沾自喜自己在重要问题上拥有乾纲独断之能。殊不知这样做不仅会令下属失去积极性,更是闭塞了许多更好、更优秀的方案、观点的上达。

多听少说,在未了解情况或没有完全把握之前让对方多说说他遇到的问题、想法、观点、方案,在对方说的过程中注意倾听,把握关键,以便于在后续沟通过程中提出你自己的见解和方案。尤其是在一些商务谈判的场合,多听少说真的尤为关键。

我还在雄风工作的时候,有一位做业务的林姓同事向我求教过一个让他感到十分棘手的问题。那天他突然跑到我办公室，面色尴尬地开口说："陈老师，我向您求救来了。"我问他什么事情。他说自己来公司快一个月了，也非常努力地在谈一些客户，谈得也很愉快，但就是单子签不下来，每次在快进入签单环节的时候，客户总推托有事情离开了。他说："您是这方面的专家，请您给我出出主意。"我听完了没什么头绪，也给不了他什么建议，但出于对新人面对业务压力的理解，我说："这样吧小林，改天你去谈客户的时候我当你司机，陪你一起去谈客户，看看能不能帮你。"他很高兴，没过几天我就和他一起去谈客户了。

到此，我想大家应该也能猜出这位"林同学"在谈客户过程中出现的问题了。整个过程前后将近两个小时的时间，小林一个人滔滔不绝地说了一个小时三十五分钟，又是介绍公司，又是介绍产品、企业文化、售后服务等等。结果客户按捺不住了说不好意思我还有个会要开，要不我们下次再谈。

出了这位客户办公室的门，小林就一脸无奈地看着我，问我问题在哪里，我给了他两个字——"闭嘴"。在谈判过程中让对方多说，尤其当对方本身就是喜欢表达的管理者或领导时，那就更应该要多听他说并且表现出我们听得很认真、很受用。很多这种类型的客户甚至都不用怎么谈判，只要让他说舒服了，自然单子就谈成了。

不管在什么场合，始终要记得"多听少说"。做到这四个字了，即使再怎么不会说话，也不容易出错。

身在职场，如何提升向上沟通的技巧？

职场中，有很多事让人感到郁闷，如工作不开心、才华得不到施展、上司没本事却要管自己、投入产出比不合理、和老板关系紧张……

很有意思的是，产生这些令人心生郁闷的情绪的人，他们的上司很多时候不太感受得到他们的这些情绪变化。而正因为如此，往往会令这类问题愈演愈烈，直到进入恶性循环。

的确，身在职场，如果不能与上级进行恰当的沟通，不仅收入得不到增长，而且有可能失去工作，甚至影响个人以后的发展。比如当年在网络上传得沸沸扬扬的“秘书门”事件就是一个典型的案例。

“秘书门”事件

2006年4月7日晚，EMC大中华区总裁陆纯初回办公室取东西，到门口才发现自己没带钥匙。此时他的私人秘书瑞贝卡已经下班。陆试图联系后者未果。数小时后，陆纯初还是难抑怒火，于是在凌晨1时13分通过内部电子邮件系统给瑞贝卡发了一封措辞严厉且语气生硬的“谴责信”。

陆纯初在这封用英文写就的邮件中说：“我曾告诉

过你，想东西、做事情不要想当然！结果今天晚上你就把我锁在门外，我要取的东西都还在办公室里。问题在于你自以为是地认为我随身带了钥匙。从现在起，无论是午餐时段还是晚上下班后，你要跟你服务的每一名经理都确认无事后才能离开办公室，明白了吗？”陆在发送这封邮件的时候，也同时抄送给了公司几位高管。

面对大中华区总裁的责备，一个小秘书应该怎样应对呢？一位曾在GE和甲骨文服务多年的资深人士告诉记者，正确的做法应该是，同样用英文写一封回信，解释当天的原委并接受总裁的要求，语气注意要温和有礼。同时给自己的顶头上司和人力资源部的高管另外去信说明，坦承自己的错误并道歉。

但是瑞贝卡的做法大相径庭，并最终为她在网络上赢得了“史上最牛女秘书”的称号。两天后，她在邮件中回复说，“首先，我做这件事是完全正确的，我锁门是从安全角度上考虑的，如果一旦丢了东西，我无法承担这个责任。其次，你有钥匙，你自己忘了带，还要说别人不对。造成这件事的主要原因都是你自己，不要把自己的错误转移到别人的身上。第三，你无权干涉和控制我的私人时间，我一天就8小时工作时间，请你记住中午和晚上下班的时间都是我的私人时间。第四，从到EMC的第一天到现在为止，我工作尽职尽责，也加过很多次的班，我也没有任何怨言，但是如果你们要求我加班是为了工作以外的事情，我无法做到。第五，虽然咱们是上下级的关系，也请你注重一下你说话的语气，这是做人最基本的礼貌。第六，我要在这强调一下，我并没有猜想或者假定什么，因为我没有这个时间也没有这个必要。”

本来，这封咄咄逼人的回信已经够令人吃惊了，但是瑞贝卡选择了更加过火的做法。她回信的对象选择了“EMC(北京)、EMC(成都)、EMC(广州)、EMC(上海)”。这样一来，EMC中国公司的所有人都收到了这封邮件。

(资料来源：百度百科“秘书门”)

其实，在我看来，只要学会换位思考，从多角度看问题，每个人都能做好有效沟通。

一位老太太有两个儿子，大儿子卖伞，二儿子修鞋。按常理推断，下雨天伞就好卖，而晴天摆摊修鞋的生意就要好些。但是无论天晴下雨，老太太都没有开心的时候，这是因为她非常爱她的两个儿子，希望他们两个的生活都能好起来。

每当下雨的时候，她就会替二儿子担心：连下好几天雨了，他肯定都没法摆摊做生意了。好不容易天晴了，她又担心大儿子的伞卖不出去。她整天都陷在这种心急如焚的状态中，心情一直都不好。

后来有人就告诉她说，你不要这样，应该换个角度想想，天晴的时候你应当为二儿子高兴，因为他摆摊修鞋的生意会好；而当下雨的时候，大儿子的伞会卖得好，你应当替他高兴。老太太试着这样改变自己，终于不再像以前那样不开心了，心情越来越好，因为无论天晴还是下雨都有让她开心的事情。

（资料来源于网络）

这是一则小故事，很浅显，想表述的道理也很简单——对于同一个问题，考虑的角度不同，获得的感受就会不同。

在日常的生活和工作中，由于价值观和立场的不同，同样的一件事情，不同人的看法是不一样的。由于沟通的方式和思路不同，得到的结果也可能会大相径庭。

向上沟通的四条原则

(1)了解上司的意图

只有事先了解上司对企业的发展规划和对管理者所在部门的战略要求，才能在沟通的时候和上司快速达成一致意见。

(2)能够承担自己的职责

在管理实践过程中，很多管理者执行力不到位，不能够将上司的决策执行到位，根源就在于管理者缺乏责任心，不能很好地承担作为管理者的职责。

(3)寻求上司的反馈

不论是作为中层管理者还是基层执行者，都有一个重要的责任就是将一线实际情况反馈给上司，从而支持上司的决策与调整。

(4)同上司的风格相匹配

这一点很重要，职场中很多的失败，都是由于跟上司的风格不匹配导致的。

向上汇报的五个注意点

要想沟通中取得较好的效果，我们还需要掌握一定的沟通技能，因为技能的缺乏会直接成为沟通的障碍。

向上级汇报工作时，尤其是做口头汇报，一定要特别关注以下几点：

(1)简明扼要

下属向上级汇报工作是日常管理工作中的一个重要环节，它不仅是上级获得信息情报、把握工作现状和趋向的一个途径，而且还是制定工作措施的依据之一。因此，向上级汇报工作一定要认真对待，充分准备。

口头汇报一定要注意报告的时间、地点，在报告时要简明扼要，说明事情的基本情况及建议采取的解决办法，剩下的事就由决策者来决定，不要啰嗦。充分利用有效时间把该汇报的内容都说出来，尽量做到每句话都有分量，繁简适度，表达得体，既不过时，也不浪费机会，让人听后有一种新鲜感和透亮感。

(2)有针对性

与上级沟通，有可能是被上级召去，也可能是自己找上门去的。

如果是被上级召去的，经验丰富的领导事先会明确地告诉你汇报的具体要求，可以根据要求或者惯例，有针对性地做好准备。在这样的情况下，不必每件事情都需要汇报，也许这说明自己工作很认真负责，但不一定就会有好的结果，有时会引起反面影响。

如果是自己找上门去的，就更需要有针对性地定个提纲，想清楚究竟要汇报些什么，要达到什么目的。一般情况下，在自己觉得有必要找上级汇报时才可以去找领导。否则，随意打扰别人是一件很不礼貌的事情。因此，汇报问题要及时准确、简单明快、突出重点。

(3)准备材料

在口头汇报中，要说服上级，平时就要不断学习各种知识并具备丰富的语言技巧，在遇到突发状况时，可以灵活、机智地运用已有的积累，说服上级。比如在向上级汇报中，用事实和典故打动上级。

当然，在口头汇报前，做好资料的收集，做一份切合实际的材料，也很有必要。材料必须真实，并保证准确性。最好有理有据、充满理性与活力，领导看了一目了然，自然喜欢。结合口头总结汇报，可以让上级掌握实际的情况。

对于发生的问题，自己要先想好几个解决方案，供领导选择,因为领导没有很多时间来帮你想解决办法。

在一些问题上,要给领导留下提问的空间,以他的发问来消除疑虑。针对领导关心而自己解决不了的问题,要准备得足够详细。

(4)切忌当场反对

大家都知道上级也有犯错误的时候,那么当上级做出错误的决定时,是应该旗帜鲜明地反对,还是采取温和的方式呢?答案显然是后者。

美国著名政治家本杰明·富兰克林在其自传中说:"我立下一条规矩,绝不正面反对别人的意思,也不让自己当场决断。我甚至不准自己表达过分肯定的意见。我决不用'当然''无疑'这类词,而是用'我想''我假设'或'我想象'……我以谦虚的态度表达自己的意见,不但容易被人接受,冲突也减少了。我最初这么做时,确实感到困难,久而久之也就养成了习惯。"

富兰克林多年坚持着这个习惯,没有人再听到他讲太过武断的话。然而,当下社会,如之前"秘书门"中的瑞贝卡一样,有的下属却没有意识到这一点,他们喜欢正面反对上司,结果却给自己招来了麻烦,也很难把事情办好。

其实,上级很多时候并不是反感对他提出反对意见,只是不喜欢别人从正面反对自己,认为正面反对就是不给自己"面子",就是故意和自己过不去。

因此,职场中一定要记住:千万不要正面而直白地反对上级的意见。

如果有些话实在非说不可，也要换一种上级能够接受的方式，在适当的时候，采取如富兰克林说的“我想”“我假设”“我想象”的方式表达。

总之，你在与上级沟通的过程中，一定要养成良好的习惯，才容易被人接受，这样既能够达到进言的目的，又能够避免给自身带来不必要的麻烦。

(5)切忌认死理和发牢骚

很多人在生活中养成了认死理和发牢骚的坏习惯，如果把这种习惯带到和上级的沟通中，就更不是件好事了。

在工作中，你可能对上级给你安排的事情有所不满，甚至因一点点的不满，就大发牢骚，这种沟通方式显然是不好的。其实很多人也知道发牢骚改变不了什么，最多能把不满情绪表达出来，赢得一些赞同或附和。

发牢骚，既容易给大家带来坏的印象，不利于个人成长，自己还不舒服，也会影响到他人。牢骚轻易是发不得的，特别是不能轻易向上级发牢骚。

既来之，则安之。不管面临什么问题，我们心里都应有这样的想法。在和上级沟通时，要尽量少说抱怨的话，要多一些理解和体谅，从而得到上级的欢迎。

向上级说“不”的艺术

在职场中，无论如何小心，在与上级沟通的过程中，不可能总是一团和气、笑声朗朗的，有时候在同一件事或者一些问题上难免发生争论。这时，身为下属，应该采取何种方式应对上级。

一个简单的“不”字，可能会难倒很多人。

那么，为什么要对上级说“不”?

上级作为管理者，每天要应对和处理很多事务，他们用来学习的时间都是百忙中抽出来的。从一定的程度上来说，上级在某个方面的专业精通程度是不如下属的。喜剧大师卓别林曾说:学会说“不”吧，那你的生活将会美好得多。

向上级说“不”，往往是十分必要的。但是，我们即使明知上级是错的，也不要针锋相对、寸理必争。要学会一些方法和技巧，下面结合我个人的成长经历，谈谈向上级说“不”的艺术。

(1)向上级说“不”的“渠道”

通常，在与上级产生意见分歧的时候，无论多么的不情愿，都不要采取直接反对的方式。在事后采取邮件、短信、微信、字条等第三方渠道向上级反映你的真实想法，显得更为恰当。

(2)向上级说“不”的方法

①说“不”要婉转，不能直接说“不”

看准时机，了解上级的心情如何。如果上级心情不好，就不要直接地马上提要求，要阐述问题的根本及可能带来的后果的严重性。

说“不”要婉转，要有方式方法，把握好火候，意见和建议就更容易被接受。

②敢于说“不”

有些上级，对从不说“不”的下属也不看好，一味迎合上级，也是没有能力的表现。其实，好的员工都敢于说“不”，好的老板也喜欢这样的管理者。

一家优秀的企业总有一批这样敢于说“不”的员工，在企业前进、发展遇到问题时，能够提出他们自己的见解和意见。

当发生需要说“不”的时候，一定要站出来敢于说“不”，找到一个对双方有利的解决办法，并在适当时机表现出来。

③说“不”的理由要充分，一定要有理有据

首先，说“不”一定要考虑清楚是否对整件事有一个清楚的认识，是否有充分理由和根据，进而说清楚问题、提出建议。

其次，要从说“不”的出发点考虑，必须清楚地知道说“不”不是为了出风头和表现自我，而是为了企业的利益着想。

作为老板，可能他不屑于听员工所谓的解释或理由，但他肯定会对事情的利害关系感兴趣，所以对上司说“不”时，不能仅站在自己的立场和角度上。说“不”的艺术更在于分析事情可能会给公司或他人带来的利弊。

④理直气“和”

说“不”不是最终目的，而是达到目的的一种手段，说“不”更多是为了强调沟通的过程。

心理学专家史密斯说：“如果你气势汹汹，只会使你的上级也大发雷霆，所以首先要做到心平气和。”争论只会使情况变得越来越坏，引起上级的怒火，问题反而更得不到解决。

因此，在说“不”的时候，要把握好分寸，尽量避免和上级争论，一定要牢记，如果由于争辩过度而弄成僵局，会产生比原来更坏的效果，在争论时要多运用一些语言技巧，把争论的负面效应降到最低。

下面,借助我的经历来分析说"不"的方法和技巧。

"十一"度假计划

2004年,我所在公司老板提出"十一"期间组织员工度假休息,并将活动的组织工作交给了我们人力资源部,要我次日拿出具体方案。

"还是去安吉吧。"第二天开会时,老板一语定乾坤。听到老板这样说,本来挺热烈的气氛一下子又冷了下来。安吉我们已经去过几次了,如果再去那个地方,不仅达不到放松休息的目的,搞不好还会引起一部分员工的怨言。而我又是这个活动具体的组织者,搞不好,这笔账还会算到我头上,我可不想背这个"黑锅",但我该怎么和老板说呢?

大家可以先思考一下,如果换做是你,你如何向你的领导说"不"?

在说"不"之前一定要先制造有效的"弯道",让领导做选择题。不能仅站在自己的立场和角度上,应认真分析事情可能会给公司或他人带来的利弊。然后,对整个事情做系统分析,有一个清楚的认识,向上级说明利害关系,即去安吉和去其他地方旅游的差别,及可能带来的结果。

要让上级明白,自己不是为了出风头和表现自我,而是为了企业和老板的利益着想。

有了充分理由和根据，设定几个解决方案，供领导选择，并在一些问题上，给领导留下提问的空间，让他以发问的形式来消除疑虑。

按照这个思路，开完会后，我用了整整一个晚上完善了另一套去千岛湖的方案，并在第二天一早送到老板的桌上。

老板看完后果然改变了自己的决定，同意了我的方案。这次出游，大家玩得很开心，老板也满意。

更重要的是，我这样做既在大会上保全了老板的面子，又履行了作为活动组织者的职责。

在向上沟通上，目前我遇到做得最好的是陈先望老师。如果要对陈先望老师做一个评价的话，我总结为八个字“才华横溢、人品一流”。陈老师是安徽芜湖人，毕业于安徽师范大学，学的是历史专业。我从辅导喜临门公司组建企业商学院时结识陈老师至今，多年亦师亦友。

陈老师的文字、演讲水平一流，他主持的每一场活动、会议都是氛围轻松、高效严谨。对待工作也是兢兢业业，从不言累。记得他在喜临门工作时，多次出差回来已是凌晨，就在办公室躺一会，接着主持公司的早会。

最让我佩服的是陈老师向上沟通的能力，不仅有自己的主见和立场，在语言表达上又能稳妥地给予上级中肯的理由与建议。而往往经过实践之后证明，陈老师所提出的意见和建议是正确的。在我和陈先望老师配合工作的这段时间里，不记得有多少次陈老师通过这种沟通的方式改变上级原先的计划与决定达成目的。

当时我有感而发，写了首藏头诗送给他：陈氏奇才出皖江，先人后己孺子牛。望其项背永不倦，成蹊桃李却无言。

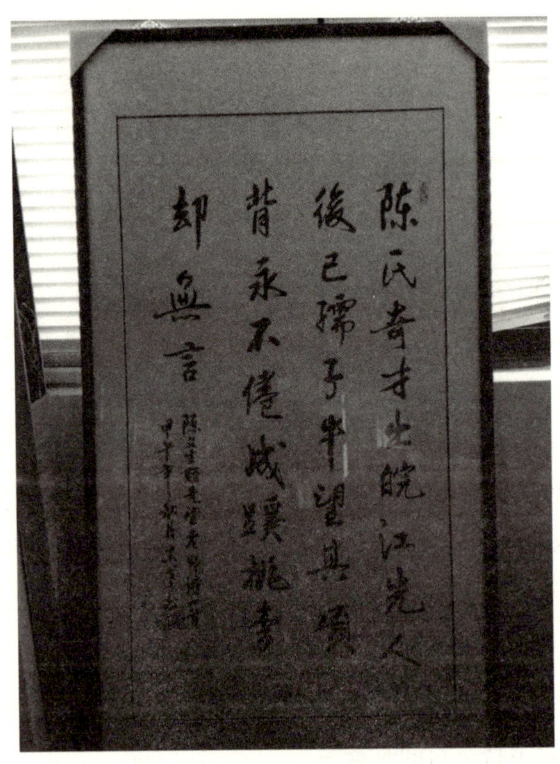

我赠予陈先望老师的藏头诗

所以，无论你如何与上级进行沟通，始终要牢记：只要让一步，事情就都解决了，嘴硬的人，占不了便宜。这是与上级沟通最关键的一点。

很多时候，我们选择主动退一步，上级可能也就会退一步，从而更容易达成和解。

向下沟通的技巧

作为领导，与下属的沟通也十分重要。地位影响心理，领导者不可避免会产生一种“居高临下”的感觉。当下级汇报工作时，不管对方说完没有，只要自己觉得听懂了下属要表达的意思，便打断他的话，开始滔滔不绝地发表自己的观点，然后以某些指令结束谈话。

如果说向上沟通需要技巧，那么向下沟通则更是一门艺术。不论什么时候，向下沟通时一定要注意两条原则：一是切忌轻易下结论；二是就事论事，对事不对人。

其实大多数管理者在犯这些错误的时候，也是不自觉的，根源还是在于沟通技能的缺乏。沟通技能的缺乏会导致不好的沟通效果，没有良好的沟通效果就没有良好的人际关系，管理的绩效也就无从谈起了。

作为领导，可以扪心自问一下：对下属的需求，你愿意倾听吗？有认真倾听过吗？对于他们工作中出现的问题，有用心理解和分析过吗？你愿意放下架子，腾出时间去与他们促膝谈心、互动交流吗？

如果这些我们都没做到，那么在和下属的沟通中一定会出问题。能否建立一个关系融洽、积极进取的团队，很大程度上取决于你是否善于与部下进行沟通。

便条沟通法

担任通用电气公司执行总裁近20年的杰克·韦尔奇，每天必做的事情之一就是亲自动笔给各级主管、普通员工乃至员工家属写便条，或征求对公司决策的意见，或询问业务进展，或表示关心、关注。写这些便条的目的是鼓励、激发和要求下属采取行动。从杰克·韦尔奇手中发出的只言片语都很有影响力，它们比任何长篇大论的演说都更能拉近和员工的距离，而且这也是他对下属有效地传达重要信息的最佳方式，所以他乐此不疲。久而久之，“韦尔奇便条”便演变、升华为一种“非正式沟通”的工具，一条“通心路”，一种凝聚力、亲和力。员工们则把收到和答复杰克·韦尔奇的便条作为荣耀和情谊。

同样，微软公司也有一个习惯，就是随时随地用电子“便条”沟通，而且不受层级关系限制，可随意与任何人进行工作联系，即便是普通员工也可给比尔·盖茨本人发便条。微软同时还有另一个习惯，就是收到便条之后要立即回复。

我本人在工作中对于便条沟通法的运用也是得心应手，就像前文中表述的一样，便条在沟通过程中对沟通内容的明确与拉近上下级之间的关系非常有效，所以学会便条沟通，可以大大提高沟通的效率。

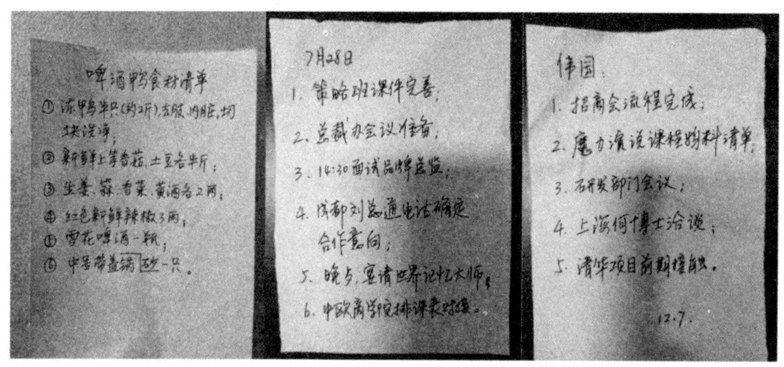

以上是我在生活和工作中的一些便条剪影

愿意“聆听”，别人才肯说

在本讲开篇我就有讲到，提升人与人之间沟通艺术的基础是“多听少说”。有调查表明，人与人之间54%的争吵、冲突，并非因为双方意见不一致，而是互相没有好好聆听对方说话，没能真正理解对方表达的意思。同样的，不善于倾听也是构成部门之间、员工之间，尤其是上下级之间的沟通障碍以及冲突的重要内在起因之一。

在繁体字中，“听”的写法为“聽”，从字面上分析，首先是偏旁中的“耳”，指的是语言中的信息大多是通过耳朵获取的，捕捉信息都要依靠耳朵。

其次，在偏旁“耳”的下面有个“王”，指的是在倾听的过程中，要关注对方，以对方为主。在部首右边，有个“四”，这是“目”的异体写法，代表眼睛，指的是在倾听的过程中，一定要用到眼睛，通过眼睛可以和对方保持目光上的交流，传达一些微妙的思想和情感。

同时，在字的右下方，还有一个“心”，指的是听不仅仅是外在器官的参与，更是内心的关注，要用心体察对方的真实意图，只有这样才能明白对方话语的意思。这个解释真是太到位了。中国有句老话：“三分说，七分听。”也就是说“说”与“听”的最佳比例是30％说，70％听。古希腊先哲苏格拉底说：“上帝给了我们两只耳朵、一张嘴巴，其用意就是让我们少说多听。”在语言沟通中，“会听”比“会说”更加重要。

倾听是尊重讲话者的表现，是对讲话者的高度赞美，更是对讲话者最好的恭维。让讲话者爽了，自然他也就喜欢、信赖你了。关键在于我们该如何倾听呢？

(1)用心听

良好的聆听习惯是优秀领导者引爆员工潜能的最基本的要素之一。当领导者发现员工对某件事如工资、福利、工时等不满时，可以主动找他们谈心，倾听他们的意见和不满。然后，专心而有鉴别地听。专心听员工讲话，可以达到激励员工的效果；而有鉴别地聆听，则是建立在专心倾听的基础上，如果不用心听，就无法鉴别员工传达的信息，哪些是真的，哪些是假的，哪些有用，哪些无用。

(2)记笔记

记住听到的东西比记住看到的东西更困难，因为我们只能听一次，不能回过头去再听一次。如果光听不记笔记，所听的内容很快就会遗忘。在专心倾听时记笔记，效果会更好。同时，用笔记下对方说话重点，不仅防止遗漏、便于沟通，又能让对方感觉到被尊重。

（3）点头微笑

众所周知，汽车推销员乔·吉拉德被世人称为“世界上最伟大的推销员”。他曾说过：“世界上有两种力量非常伟大，其一是倾听，其二是微笑。你倾听对方越久，对方就越愿意接近你。”

微笑不仅可以体现领导的魅力，而且在倾听过程中，点头微笑，可以起到肯定鼓励的作用，有利于让对方多说，让领导者“捕获”更多的信息。

（4）切忌打断、插话

在倾听中，要切记：不到万不得已，千万不要打断对方讲话。

不插嘴有三大好处：让对方感觉良好；让对方多说，以获得更多有用信息；让对方说完整。

（5）切忌发出异声

在倾听对方的时候，发出声音可能会打断或影响到对方讲话。因此，尽量不要发出异声，影响别人的讲话思路。

倾听更多的是一种姿态，是一种与人为善、心平气和、谦虚谨慎的姿态。领导在自己说的同时，也要适当地闭上嘴巴。听下属说，下属才能感受到尊重，从而敞开心扉，乐意与你交流，才愿意说出心里话。

第三讲　沟通的意义:激励团队

从表面上看“沟通”与“激励”这两个词之间似乎没有什么关联。但在很多时候,一次顺利、良好的沟通就是一种激励。一次成功的激励就是一次顺畅的工作沟通,两者你中有我、我中有你,相辅相成。单纯从心理学上而言,激励理论有马斯洛的需要层次理论、赫茨伯格的双因素理论和麦克利兰的成就激励理论等。马斯洛认为,人的行为都是由动机决定的,而动机都是由需要引起的。动机产生以后,人们就会寻找能够满足需要的目标,而目标一旦确定就会进行满足需要的活动。

沟通与激励

从需要到目标,人的行为是一个周而复始、不断进行、不断升华的循环。激励是与需要挂钩的,而了解甚至创造员工的需要就是领导者能有效激励下属的基础。对于绝大多数员工而言,他们的需要其实很清晰,即“钱”“前”“乐”。

“钱”是指金钱，也就是员工的薪酬结构与保底收入。

“前”是指前途，也就是员工的职业发展与晋升通道。

“乐”是指氛围，也就是员工的工作环境与人际关系。

每一个管理者只要抓住了这三项员工需求，我想基本也就找到了激励员工的具体方向。我曾经看过《三块红烧肉的激励》这个案例，堪称经典。

三块红烧肉的激励

老板接到一项业务，有一批货要搬到码头上去，必须在半天内完成。任务相当重，人手又只有十几个。

这天一早，老板亲自下厨做饭，开饭时，老板把饭给伙计们一一盛好，还亲手捧到他们每个人手里。

伙计王接过饭碗，拿起筷子，正要往嘴里扒，一股诱人的红烧肉浓香扑鼻而来，他急忙用筷子扒开一个小洞，三块油光发亮的红烧肉捂在米饭当中。他立即扭过身，一声不响地蹲在屋角，狼吞虎咽地吃起来。

这顿饭，伙计王吃得特香。他边吃边想：老板看得起我，今天要多出点力。于是他把货装得满满的，一趟又一趟，来回飞奔着，搬得汗流如雨。

整个下午，其他伙计也都和他一样卖力，个个干得汗流浃背。一天的活，一个上午就干完了。

中午，伙计王不解，偷偷问伙计张：“你今天咋这么卖力？”

张反问王："你不也干得起劲嘛？"

王说："不瞒你。早上老板在我碗里塞了三块红烧肉啊！我总要对得住他对我的关照嘛！"

"哦！"伙计张惊讶地瞪大了眼睛，说，"我的碗底也有红烧肉哩！"

两人又问了别的伙计，原来老板在大家碗里都放了肉。众伙计恍然大悟，难怪吃早饭时，大家都不声不响闷笃笃地吃得那么香。

（资料来源：http://blog.ceconlinebbs.com/BLOG_ARTICLE_196620.HTM）

"如果这碗红烧肉放在桌子上，让大家夹来吃，大家可能就不会这样感激老板了。同样这几块红烧肉，同样这几张嘴吃，却产生了不同的效果。"这是引人深思的一段话。

老板为什么要单独在每个人碗底放红烧肉，而不是端在桌子上让大家一同分享？红烧肉单独放在每个人碗里产生的激励作用和放在桌上共享的激励作用，究竟哪个会更大一些？

我们知道，每个人都渴望被激励，在获得有效激励的时候，每个人都会因为这种激励而产生自豪感、成就感。故事中的老板这么做，意在激励每一个人，而那位老板的做法妙处在于，他让每个员工都感到这份激励只是针对自己。如果红烧肉放在餐桌上共享，激励的效果当然有，但是，一定比单独放在碗里而使员工获得激励的效果小得多。

在上面的故事里，“红烧肉”只是一种象征，管理者在激励每个个体时，一定要把握每个人的不同需求、每个时期的不同需求，只有这样，好的形式结合有针对性的内容才能起到最佳的作用。不同的人激励方法不同，同一个人不同时期激励方法也不同。要学会因人、因时、因事激励。

我从自己的工作经历中总结出来，当员工出现以下情况时需要被激励，并且激励的效果最明显又最好：付出太多、压力太大、工作太累、工资太低、推卸责任、铺张浪费、不愿学习、福利不全、准备跳槽。

中国著名企业家、万向集团的老总鲁冠球，是一个农民出身的企业家。鲁老生前曾有记者问他：“你为什么做得那么成功？”他说了九个字：“有目标，沉住气，悄悄干。”他在厂内建立了一套激励型的工资结构，即按劳分配、按效分配、按资分配。按劳分配，就是按劳动量分配，这包括基本工资和补贴，占总收入25%左右，这是福利性质的，只要按时上下班，就能得到这部分报酬。按效分配，就是按劳动效益分配，即奖金。这部分是大头，占总收入50%以上，报酬完全是激励型、全浮动的。有效劳动可给奖金，效益越高，奖金越高；无效劳动，就不给奖金；如果是有害劳动，不但不给奖金，而且还要受罚。

当然，效益和奖金的激励仅仅只是一小方面。著名的国际家具建材零售集团百安居为了激励员工，为其发展提供了两条职业发展道路：一条是通过良好的表现晋升管理层，另一条是成为专家级业务员。通过为员工提供的职业发展规划，建立起了百安居内部的人力资源的“蓄水池”。

以上两个激励的事例就是分别对“钱”与“前”激励的典型，类似的案例不胜枚举。除此之外还有上文中提到的对“乐”的激励。对于这个部分，我自认为在这个部分做的尚有可借鉴之处，这其实也可以从侧面反映出一个人带团队的能力。

迄今为止，我带过的大大小小的团队应该不下 20 个了，令我感到欣慰和自豪的是，我带的每一个团队中，团队成员都很开心、团结，战斗力十足，对于工作指到哪打到哪。我想这和我善于为团队创造快乐的工作氛围与环境是离不开的。多年来，我一直奉行定期组织团队活动的带队原则，不论是旅游度假还是聚会吃饭，标准只有一条——让团队放松、开心。当然，作为带队的头自己也要会点绝活来给团队助兴，比如我的“招牌菜”啤酒鸭。

莫干山 9 号别墅，我下厨给团队做啤酒鸭

很多管理者都存有这样的困惑——整天和团队打成一片会不会失去作为团队老大的威严？对于这份担心我是理解的，因为毕竟我们的老祖宗早就给我们敲过警钟——“近则无神”。但是我对因为“近则无神”四个字就和团队拉开距离以突显领导的特殊化的方式是不认同的。直白点来说，团队服不服你和你与团队有没有打成一片没有关系，关键在于作为团队领袖的你原则与底线必须要守住，该玩的时候痛痛快快玩，该工作的时候必须立场鲜明、坚守原则，不因个人关系的亲疏而有失偏颇。

不管是哪种激励方式，在激励属下的过程中最好遵循如下一些原则：

(1)善于区分各个激励对象的差异，了解激励对象的能力、气质和性格；

(2)掌握下属真实的需要，满足他们的基本需求；

(3)设定恰当的目标；

(4)尽可能保持分配的公平合理性。

当然，不论诱之以利，还是惧之以害，抑或是“前”还是“钱”的激励都可以归属为物质激励。但我认为最高境界的激励还是改变他们的心态，进行精神性激励。

讲到精神激励，很多人第一时间想到的肯定是荣誉、奖状之类的。当然这是一类，但我理解的精神激励更多的是一种宣导，通过不断的宣导，让员工自己产生一种正向的信念不断激励自己。最典型的宣导方式和载体就是公司的晨会。注意了，这里说的宣导并不是指单纯的某一个人来说教，而是全员参与的展示或者朗诵。我万分认可博天国际涂鹏程老师建立信念系统方法的建议——“信什么，就念什么；念什么，就会信什么”。用这句话来诠释“信念”真的太到位了。也正是出于这种指导思想，博天国际每天的晨会流程就是建立信念、进行自我精神激励的过程。

晨会流程

一、晨会时长

30分钟(每天召开，全员参加、轮流主持)。

二、会议流程

8:20:会前准备(开始播放音乐，确定早会资料准备无误)

8:30:开启上场音乐，集合(要求:有气势，显示紧张感)

主持人:博天国际的家人们，大家早上好!

员工:好，祖国好，博天好! Yes。

8:32:整理队列

口令:全体立正，稍息，向右看齐，向前看。向左转、向右转、向后转(各两次)。

8:33:活力早操

8:38:三致礼(伸出右手，与心相连)

感谢客户让我达成梦想!

感谢公司第一名×××让我成长!

感谢博天国际给我平台!

8:39:祈祷环节(双手合十，眼睛微闭，主持人念一

句，员工跟念一句）

祈祷我们的祖国繁荣昌盛！

祈祷我们的客户生意兴隆！

祈祷我们的父母身体安康！

祈祷我们的公司越来越好！

祈祷我们身边的伙伴早日实现心中梦想！

8:40：团队宣言

主持人：我们的团队宣言是？

员工：我们是博天一员，“团队合作、敬业、创新、成就客户”是我们的信条，今天是我生命中新的一天，我相信自己、相信同事、相信公司，相信我们在一起可以创造下一个奇迹！

主持人：我们的三大作风是？

员工：诚信，专业，高效！

主持人：我们的三大行为准则是？

员工：勇于承担责任，绝不找借口，永不放弃！

8:44：分享环节（每天两个名额，主要内容为重点客户、签单客户分享等）

8:50：领导讲话（宣布重点工作与团队激励沟通）

8:58：早会结束

主持人：我们的愿景是？

员工：成为中国管理咨询行业持续领跑者。

主持人：我们的目标是？

员工:做中国家居行业最值得信赖的管理咨询集团。

8:59:三句对话结束晨会

主持人:各位家人今天的心情怎么样?

员工:好极了!

主持人:今天的沟通怎么样?

员工:棒极了!

主持人:今天的目标怎么样?

员工:明确了!

9:00:散会

主持人:全体立正、稍息,以掌声结束我们的晨会!

这是团队自我激励的一种模式,作为管理者多阅读和收集一些励志的故事也是很有必要的。毕竟,作为团队领袖偶尔在会议上宣导一下,效果也是不错的。下面是我收集的一些经典的激励小故事,大家可以根据实际需求选择使用。

光明前景

有三个建筑工人,一天工作完了各自回家。回家途中,第一个工人心里想:“要不是为了生活,我真不会做那砌砖的工作,辛苦得很。”第二个工人心里想:“每天就是在砌墙,真是无聊得叫人发疯。”第三个工人心里想:“我今天为了完成一所宏伟的教堂而努力,完成后教堂可容纳几百人做礼拜，这实在是一件极有意义的工程。”

这就是激励的力量。在生活中，你是在投诉、在愤怒，还是有所创造呢？你是在砌砖、砌墙，还是为有意义的目标前进呢？请谨记，要将思想集中于光明的前景。

雕凿人生

在文艺复兴时期，意大利雕刻家米开朗琪罗用了多年时间，完成了举世闻名的大理石雕刻，它名为“大卫”，现在存放于佛罗伦萨美术学院。当朋友问米开朗琪罗雕凿出栩栩如生的大卫像的秘诀时，他只是轻描淡写地说：“大卫本来就在这块大理石之内，我只是将不属于大卫的石块凿掉罢了！”

这就是激励的力量：成功并非要改头换面，脱胎换骨，而是要将自己美好的本来面目呈现人前。成功是恰如其分地展现自己的优点。

留意小节

有一天，米开朗琪罗刚完成了一件作品，正要凝望作品沉思之际，一位朋友到访，问他正在想什么。他答道：“我在构思，把雕像这部分修改一下，把那部分稍加琢磨，把这部分弄得柔和一些，使肌肉的线条突出一点……”

朋友不耐烦地说：“这些都是小节而已！”

米开朗琪罗很认真地回应说:“也许你可以这样说,但请你记着,将所有小节加起来,就是完美,而完美绝不是小节!”

积极行动

有一个小女孩吃早餐的时候,看见爸爸愁眉深锁,闷闷不乐,便对爸爸说:“爸爸,我在报纸上看过一篇报道,说态度积极的人,办事效率较强,身体也比一般人健康,你同意吗?”

爸爸回答说:“那当然正确,所以我每天都保持积极的态度。”

女儿再追问:“爸爸你今天为何不告诉你的脸,要保持积极的态度呢?”

爸爸听了女儿的话,脸上再展欢颜,并说:“你提醒了爸爸要言行一致。”

这就是激励的力量。著名心理学家威廉·詹姆斯说:“我们快乐是因为我们微笑,而并非因为快乐而笑。”意思是行动往往能够影响心态,所以选择积极行动最为重要。

专注目前

有一位年轻人,到马戏班拜师,要学习走钢丝的功夫。

几个月后,师傅认为年轻人已掌握了基础技巧,让年轻人走上钢丝,正式练习。虽然地面已装有安全网,可是在十多尺的高台上，心里实在战战兢兢。走了十多步之后，那年轻人往下看，越看心里越惊慌，差点儿失去重心。

就在这时，师傅在地面大声喝了一句话，年轻人重获信心，再次取得平衡。那句话就是："向前看！"

这就是激励的力量：你就是自己的师傅，当面对逆境和挑战，记得对自己说："向前看！专注目前，专注之中有力量。"

（资料来源：http://tieba.baidu.com/p/2985407361）

除此之外，日常工作和生活中对于一些重情感和精神激励的人，一些细节的动作和言语的激励效果也是非常明显的。比如以下这十个几乎零成本的激励动作：

1. 真诚地说一声"您辛苦了""谢谢您""你真棒"。
2. 由衷地说一句"这个主意太好了！"。
3. 有力地拍一拍下属的肩膀（女性要特别注意）。
4. 一个认可与信任的眼神。
5. 一次祝贺时忘情的拥抱。
6. 一阵为分享下属成功的开怀大笑。
7. 写一张鼓励下属的便条或感谢信。
8. 一个意想不到的额外假期。
9. 下属纪念日的一个电话、一件小礼物、一条短信的祝福和问候。

10. 一个证书、一枚奖章、一朵鲜花、一颗真诚的心。

有效沟通与激励的12条经验

我曾经在网络上看见过有人总结的12条有效沟通与激励的经验，在这里分享给大家。

(1)切忌简单地发号施令

颐指气使、发号施令是很多管理者的通病，更是带团队的死穴。真正懂管理会沟通的领导其实很少发号施令，他们会尽量让部属参与问题的讨论、研究以及决策，在此过程中不断引导部属开动脑筋、生发智慧。即使领导者心中已有笃定的方案，他们也会让部属感到最终提出的方案也有自己的功劳。换言之，领导不仅要让下属知道做什么，该怎么做，更重要的是要让下属知道为什么要这么做。所谓知其然，知其所以然。只有这样，在最终的执行过程中下属才既能正确理解，又有很高的积极性去开展工作。

(2)明确授权

明确部属在哪些工作范围内有决定权，哪些需要请示，可以提高工作效率和部属的工作积极性。但授权并非倾倒工作，如果没有明确的授权，只是一股脑地将工作全部交给部属去做，那就是倾倒，部属会认为上司滥用职权，将来可能会揽功诿过而失去积极性。

(3)为部属工作设立目标

设立目标是最有效改善部属表现的方法之一，但目标必须是十分明确，而且能够量化考核的，要注意各个员工目标的平衡，避免“鞭打快牛”。

(4)加强与部属的交流

定期聚会，让部属有机会表达他们的意见和想法。作为领导者必须要认真记录部属提出的意见和想法，对合理的意见和建议要尽量明确地表示赞成或肯定，对不合理的意见要予以否定与解释，不能当场解决的要在日后给予答复。员工会因为上司的尊重与关心，更加努力工作。

(5)切记信守自己的诺言

领导一定要记得自己的承诺，并采取适当的行动。如果答应部属的事却没有做到，将损害部属对上司的信任和依赖。因此，应及时将自己对部属的承诺记录下来，随时检查执行的情况，切忌当面承诺，转身就忘了；短期内无法达成的，最好让部属知道自己已经在着手进行，以及所遇到的困难。

(6)切忌经常中途变卦

从部属的工作心理来讲，他们希望自己的工作是有连贯性的。不论在什么岗位上，朝令夕改是最容易引发部属牢骚的。经常我们能听到关于执行力的话题，其实很多时候部属的执行力低下并不完全是部属的原因。上司习惯性地朝令夕改很容易让他们感到无所适从，甚至不及时开展工作，等待上司的再次变卦，以免白白浪费时间和精力，执行力自然受到极大的影响和挑战。

(7)及时检查部属工作

在布置工作后，要根据部属不同的性格，采取不同的措施了解工作进度和遇到的困难，帮助解决问题，指导开展工作，保证任务及时高质量地完成。

(8)正确开展批评

对部属要公平对待，对错误要大胆指出，要求改进，对违反规章的要严格处罚，切忌当和事佬；但要注意方式，避免当众责骂部属，要就事论事，切忌以事论人。在这一点上多年来我始终遵循以下两条原则。

第一条，严格才是大爱，要求才受尊重。任何事情严格要求自己和部属才能令工作开展得更加顺利、高效，完成得更加完美。只有保证成果的优质，才是对部属的付出和努力最大的尊重与回馈。

第二条，心中有爱，下手无情。作为领导者做到这一条非常关键，不论对下属做出什么样的批评，领导者的内心出发点一定是为了部属更好地成长与发展。只有这样在开展批评教育的时候内心才充满力量，部属才能感受到你对他们的关爱。

(9)切忌轻率地下结论

每个人的处事方式都不同，上司的方法未必是唯一正确的方法，不要轻率地说部属的做法是错误的，更不要随便对部属的为人处事下结论，也不要因为某一件事而以偏概全，这些稍微不慎都会影响部属的工作情绪和积极性。

(10)适当地奖励部属

每当部属圆满完成工作时，及时给予奖励或赞美往往比日后的其他奖励方式更为有效。在日常工作中，赞美与批评的最佳比例是4∶1。当然，日常的赞美不能代替应该给予的奖金、工资和晋升等。

(11)关心部属的身体健康和家庭生活

要注意关心部属的健康，对其生活中遇到的困难要给予理解、帮助，让他感到上司不仅仅关注工作，还像对待自己的家人一样关注他的健康和生活，让他感受到团队的亲情和温暖。

(12)与部属一起规划未来的发展前景

要尽量为部属创造升迁的机会，指导部属通过学习、锻炼获得更快地成长。

典型激励案例分析

“员工肯定计划”

著名管理顾问尼尔森认为，为顺应未来趋势，企业经营者应立即根据企业自身的条件、目标与需求，设计出一套低成本的“肯定员工计划”。他的看法是，员工在完成一项杰出的工作后，最需要的往往是来自上司的感谢，而非只是调薪。以下是激励员工士气的十大法则。

一、亲自向员工的杰出工作表现表示感谢，一对一地亲自致谢或书面致谢。

二、花些时间倾听员工的心声。

三、对个人、部门及组织的杰出表现提供明确的回馈。

四、积极创造一个开放、信任及有趣的工作环境，鼓励新点子和积极的主动性。

五、让每一位员工了解公司的收支情形、公司的新产品和市场竞争策略，以及讨论每位员工在公司所有计划中所扮演的角色。

六、让员工参与决策，尤其是那些对其有影响的决定。

七、肯定、奖励及升迁等，都应以个人工作表现及工作环境为基础。

八、加强员工对于工作及工作环境的归属感。

九、提供员工学习新知及成长的机会，告诉员工在公司的目标下，管理者如何帮助其完成个人目标，建立与每位员工的伙伴关系。

十、庆祝成功，无论是公司、部门或个人的优秀表现，都应举办士气激励大会或相关活动。

尼尔森特别强调，赞美员工需符合"即时"的原则。管理者该做到在每天工作结束前，花短短几分钟写个便条对表现好的员工表示称赞；通过走动式管理的方式看看员工，及时鼓励员工；抽空与员工吃个午餐、喝杯咖啡。公开表扬、私下指责等，管理者只要多花一些心力，员工就能受到莫大的鼓舞，使工作成效大幅提升。

（资料来源：http://www.sohu.com/a/219382069_678579）

"胡萝卜"政策的尴尬

一群兔子在寻找食物，兔王发现部分兔子偷懒。于是兔王宣布表现好的兔子可获得他特别奖励的胡萝卜。此后许多兔子为了讨兔王的欢心，甚至不惜弄虚作假，兔子勤劳朴实的优良传统遭到严重打击。

为了改革弄虚作假的弊端，兔王制定了新的奖励办法：按照采集食物的数量奖励。一时间兔子们的工作效率大有提高，但由于周围的食物被过度采集，不久食物储存量开始锐减。有老兔子指出，这种方法不利于兔群的长期发展。兔王听了开始若有所思。有一次，一只小兔子主动把自己采集的蘑菇送给当天没有完成任务的朋友，兔王给了双倍的奖励。此例一开，讨好兔王的现象又出现了，不会讨好的就找兔王吵闹。

后来出现了更为严重的问题：如果没有高额奖励，谁也不愿意去劳动。兔王万般无奈，宣布凡愿意为兔群做贡献的志愿者，可以领到一大捆胡萝卜。布告一出，报名应征者应接不暇。但谁也没料到，那些报名的兔子都没有完成任务。兔王气急败坏，跑去责备他们。他们异口同声说："既然胡萝卜已经到手，谁还有心思去干活呢？"

在人力资源管理中，胡萝卜是什么意思呢？就是能激励员工努力完成工作任务的方法和方式。从这个意义上讲，能起到激励作用的任何方法方式都可以是胡萝卜。作为管理者要懂得善用胡萝卜，故事中兔王的胡萝卜不但没能起到激励的作用，反而使兔子们变得骄奢淫逸。

其实管理者除了用现金的方式来激励员工外，更要懂得运用其他不花钱的胡萝卜来进行激励，例如，教会员工实现自我激励。

有人曾提这样一种观点："激励员工不再是经理一个人的责任，你必须让员工与你一起迎接这个挑战，让他们自己也分担起激励自己的责任。"优厚的薪酬等物质方面的激励只能用来留住员工，只能在短期内提高员工的积极性和效率，而真正有效的激励方法，是管理者教会员工自我激励。要实现这一点，应从以下几方面入手：

第一，帮助员工了解自己工作的价值。不管是处于技术岗位、管理岗位还是行政后勤岗位，都有其独特的价值，企业管理者应首先让员工充分了解自己岗位的价值，使员工意识到自己是在做有意义的工作。没有什么比意识到自己所做的工作毫无价值更让人士气低落的了，所以要避免这种情况的出现。

当然，员工应首先了解岗位的具体职责及性质，所以应首先对各岗位进行工作分析，让员工明确本岗位职责，本岗位的协调关系，同时也明确本岗位员工应具备的能力和所需培训。明确了岗位的职责及性质后，员工才能更加了解自己工作的价值，从而更积极努力地去工作，同时也会积极地、不断地挑战自己。

第二，赋予员工做事情的权力。长期以来，我们对员工的激励往往都停留在物质层面，其实，优厚薪酬只能用来留住员工，却不带有任何激励作用。

研究认为，挖掘员工的内在动力，是自我激励实现的内在基础。要想实现这种激励，我们不要试图将激励强加于员工身上，而是赋予他们做某事的责任和以他们自己的方式去做的权力，这样，他们会找到自我激励的方法。

第三，明确员工在全局中的角色。赫兹伯格曾说："你要人们努力工作，就得给他们一个好工作做。"我们要让员工了解自己工作的重要性，并要让他看到全局。通常，够激励一个人的不单单是他自己工作的价值，而是工作的实际成果。这会让员工充分意识到决策是大家共同的责任，仅仅依靠某个人或某些人的力量是无法实现预定的目标的。

员工看到了自己在整个公司的位置，看到了自己所扮演的角色对于实现整个公司业务目标的意义，看到了公司对自己的信任及赋予自己的重任，这种对自身的正确理解和来自外部的积极看法还能够让员工更具有创新性和积极性，不管工作中有什么样的问题，只要员工的思想能够进行转换，问题就肯定能够得到解决。

第四，推动公司内部有效的改革。在现实中往往存在这样一个误区：人力资源管理者往往费力去改变个人，而没有认真考虑公司本身存在的问题。

其实我们可以去尝试无成本的激励方法，也可以利用员工的内在欲望，促使他们提高自我激励并实现最大的生产率，可以努力减少公司内不利于激励的消极因素，充分调动员工的本能实现自我激励。例如，如果员工的工作单调试试给工作添加些乐趣和花样；鼓励员工之间的互动与协作；允许在学习中犯错，避免粗暴批评；另外，企业应重视人性化的管理。

（资料来源：http://blog.sina.com.cn/s/blog_59fc44a70100aewb.html）

第四讲　高效沟通的两把利器

汉高祖刘邦曾说："夫运筹策帷帐之中，决胜于千里之外，吾不如子房。镇国家，抚百姓，给馈饷，不绝粮道，吾不如萧何。连百万之军，战必胜，攻必取，吾不如韩信。此三者，皆人杰也，吾能用之，此吾所以取天下也。"

什么意思呢？简单来说就是汉高祖刘邦说自己运筹帷幄不如张良，安邦定国不如萧何，带兵打仗不如韩信，但是他能用好这三个人，所以刘邦是皇帝而那三人是人臣。而领导之所以能把下属的智慧与积极性激发出来为自己所用，有三句话很重要。

第一句：哇！你说得太对了！

第二句：我怎么没有想到呢？

第三句：没问题，就按照你的意思去办！

多么神奇、有力量的三句话！其实不仅仅领导用这样的语言来认可和激励下属，历代多少君王的驭臣之术中都能看到"认同、赞美"的印记。它是在任何沟通中能第一时间形成良好沟通关系的重要手段。

“认同”是最好的缓冲剂

认同永远是相互的,先认同别人,别人才会认同你。相互认同可以增加双方交流的愉悦感,大幅度提升沟通效率,更有助于形成良好的人际关系。比如,作为企业管理者,要善于认同下属,在与下属沟通过程中,可以先尽可能地认同下属的一些想法,用朴实、真诚的语言和下属沟通,现身说法,用事实支持自己的观点,巧妙地给下属提意见。再比如在处理客户异议、商务谈判过程中,认同客户对达成最终双方都认可的目的尤为关键。

异议是顾客在购买过程中产生的不明白、不认同、质疑或拒绝的意见或理由。在我们家具终端专卖店日常销售过程中,有哪些异议是我们经常遇到的,我总结了一下,无非以下几条:

(1)太贵了,便宜点,有折扣吗?

(2)再少点,××元我就买。

(3)别家东西和你家的也差不多,怎么你家的这么贵!

(4)你们是用什么材料做的,现在假的材料太多了。

(5)我最不放心的就是售后服务,你们的售后服务怎么样?

(6)我再考虑考虑。

俗话说“嫌货才是买货人”,顾客的异议越多,说明他对产品越是感兴趣,成交的可能性就越大。因此,如何处理好这些异议,在处理这些异议的过程中怎样让顾客感觉舒服并更加容易接受就显得格外重要。而“认同”就是在处理客户异议过程中令顾客舒服并容易接受的一剂良药。我们先来看一个导购员小刘和顾客对话的案例。

顾客:你们家的东西怎么都这么贵!

小刘:不贵啊,这个商场里比我们家贵的比比皆是,楼上的才贵呢。

顾客:你们有没有折扣啊?

小刘:没有,我们都是实价销售。

顾客:这个颜色显得有些小气。

小刘:怎么会呢,这个颜色看着挺稳重的,很多像您这样的顾客都喜欢。

顾客:实木的东西就怕开裂。

小刘:不会的,我们的产品卖出去这么多了,从来没有听说过有开裂的,您多虑了。

假如你是这位顾客,在听到小刘这些言语时会是什么感受?只要是我提出来的问题,都会被小刘否认、顶回来。小刘总有她的原因和理由来证明是我多虑、不对。当顾客在店里不被认可,自然她在这家店里的消费欲望也就越来越弱。我们再来看看高明的小唐,她又是如何处理类似异议的:

顾客:你们家的东西怎么都这么贵!

小唐:是的姐,我非常理解您的感受,我刚来上班的时候也觉得店里的产品好贵,可是当我了解我们这些产品之后,我又觉得我们的东西真的物超所值,性价比非常高,我们的木材都是……

顾客:你们有没有折扣啊?

小唐:姐,您想的和我一样。真的很理解您的心情,出了这个门我也是消费者,我也希望以最低的价格买到最好的产品,我们品牌的价格体系管控非常严格,全国都是统一实价销售,说难听一点“标高价,打低折”这个事谁都会做,但是消费者真的得到实惠了吗?您可以去了解一下,同样的产品别家打折后的价格是不是和我们家的在统一水平上……

顾客:这个颜色显得有些小气。

小唐:哇!姐,我们的眼光真的好像,说真的我也觉得这个颜色太鲜艳了,不过奇怪的是好多像您这样的顾客第一眼看没看上,但看久了竟然都喜欢,这大概就是我们设计师设计这个颜色的魅力了。其实,家里多点鲜艳的颜色挺好。

顾客:实木的东西就怕开裂。

小唐:是的姐,开裂是实木家具最常见的问题,很多顾客都有这样的顾虑,很能理解您的担心。不过我们家的实木您就不用担心这一点了,我们家的木材通过脱脂、烘干、熏蒸处理,保证出窑含水率在……

如果你是顾客，小唐用这种方式和你沟通，你又有何感受？

很明显小唐不会否定顾客，一直在顺着顾客的话讲，从不否定或者拒绝顾客，但又不失自己的立场。是的，只有顺着顾客，顾客才会感觉到被尊重和舒服，才会认可我们、信任我们，我们才有机会让顾客接受我们要表达的观点。这就是“认同”在销售过程中发挥的巨大作用。

这里我整理了一些在日常生活和工作中常用的认同话术，供大家参考。

(1)是的。

(2)对的。

(3)很好。

(4)不错。

(5)有道理。

(6)我认同/同意。

(7)太好了/太对了。

(8)就是这样子。

(9)没有问题。

(10)完全正确。

(11)好样的。

……

更多更有效的认同语言，希望大家在实践过程中多去感悟和寻找。

“赞美”是催人向上的动力源泉

戴尔·卡耐基曾说:“当我们想改变别人时,为什么不用赞美来代替责备呢?纵然员工只有一点点进步,我们也应该赞美他,因为那才能帮助别人不断地改进自己。”

赞美含有巨大的能量,也是催人向上的最好动力;是清泉,可滋润下属干涸、焦虑的心田;是定心丸,会安抚下属不安、躁动的心。

作为管理者,给下属1分钟赞美比批评下属10分钟要管用。多一次赞美,企业就多一份定力。管理者掌握它、运用它,就能激发员工的积极性和创造力。

韩国某大型公司的一个清洁工,本来是一个最被人忽视、最被人看不起的角色,但就是这样一个人,却在一天晚上公司保险箱被窃时,与小偷进行了殊死搏斗。事后,有人为他请功并问他的动机时,答案出人意料。他说,当公司的总经理从他身旁经过时,总会不时地赞美他“你扫的地真干净”。就这么一句简简单单的话,令这个员工深受感动,并以命相搏。这也正合了中国的一句老话“士为知己者死”。

在常用的赞美语中,最经典的有4句话:你很特别、你真不简单、我很佩服你、我很欣赏你。但在实际中,要根据场景的变化,变通使用。尤其是作为领导者,表扬他人是一项极其重要的工作，虽然赞美是说别人的好话，但好话也要会说，别人才乐意听。所以，赞美是一门艺术，也需要技巧。

一天，某公司刚来不久的一位员工，利用午饭后休息的时间，用自己随身携带的工具修好了卫生间漏水的水龙头。

这件小事被公司的总经理知道后，马上召开了一次全体员工大会。在会上，总经理当着所有员工的面，把那位修水龙头的员工请到了主席台上，大力表扬一番后，又号召全体员工向他学习。

坐在下面的员工见老总亲自召开大会的目的竟然只是为了表扬那位做了一件普通小事的员工，都受到了很大的触动。他们看到修水龙头这样的小事，也会受到如此高规格的表扬，认为公司是看重员工的工作成绩的，于是更加努力地工作。

而受到表扬的员工，在感动之余，热情高涨，他视公司的事为自己的事，把公司当成自己的家，事事为公司着想，后来也成了公司的骨干力量。

（资料来源：《说话的艺术：让口才改变你的命运》）

可见，小事情不可小视，小成绩也应该赢得由衷的表扬，因为你的赞美，有可能成为一颗火种，点燃他人内心潜在的工作热情。

很多人把“赞美”理解为给别人戴高帽子，甚至是拍马屁。确实，溜须拍马、戴高帽子这种事情做起来的确很是简单，也不可否认当今社会品位低俗、令人生厌的伪劣“马屁”泛滥成灾。对于这种现象，我是这么理解的。

首先，“赞美”或许有恭维、戴高帽的成分在，但绝对不等于“屈膝讨好”“阿谀奉承”“溜须拍马”。

其次，虽然赞美的言语随处可见，但效果良莠不齐。在我的概念中，优质的赞美是有一定的标准和规范的，罗列一下主要有以下几条：

(1)以事实为根据，让人信服，说白了就是哪怕你的赞美是夸大的甚至是假的，也要在事实的基础上美化，让人家感觉你说的是真的；

(2)真正的沟通高手赞美别人时是不着痕迹、不动声色的，别人只能感受到开心愉悦，压根是不会有被人赞美的感觉的；

(3)尺度恰当，分量适中，正中下怀，远离点头哈腰与陈词滥调。

就拿我赞美我的一位学生的案例来说吧。我有一位学生叫刘三姐，三姐的真名叫刘圣平，但大家习惯亲切地称呼她为三姐，应该是家里排行老三的缘故吧。但在平时的学习和生活中，三姐倒像个大姐一样会照顾人，同学们在一起聚会、学习演讲时，都是她在照顾大家及老师，对我们的需求有求必应，让我们如沐春风。三姐出生在江西南康的农村，是位平凡的农村女性，但她体态匀称、外表优雅、内心善良，有思想、有抱负，又有创新及开拓精神，这种品性与气质，使她又与众不同。

这不是我在书上这么写，事实上很多时候在我的课堂上介绍三姐的时候也是这么介绍的。

三姐是 2015 年在苏州听过我演讲之后，下决心要跟我学好演讲的。她的想法很直接，学会演讲，通过语言来表达自己的思想、智慧，能帮助员工和客户，从而展现自己的魅力，带领团队，把企业做强做大。用她的话来说是："领袖有风采，企业才有未来！这句话太对了，要想做好企业，老板必须学会演讲！"

给我印象最深刻的是，我给她设计演讲的自我介绍，让她唱电影《刘三姐》的歌曲，来吸引观众的注意。结果三姐就开始苦练唱功，果不其然，后来她一上台就"这边唱来那边和"，以几句优美动听的旋律就紧紧抓住了观众的心。这种别开生面的开场很有效果，观众立马喜欢上了演讲者，演讲者看到台下观众的点头微笑以及赞许的眼神，立即信心倍增！接下来，她侃侃而谈，如行云流水一气呵成。三姐通过一年多的演讲训练及实践，现在能轻松完成一场 3 小时的精彩演讲。

从三姐经营的企业来看，就知道三姐是一位非常具有开拓、创新精神的企业领袖。早在 2004 年，三姐与她丈夫刘科良先生，就在江西南康经营家具生意，这就是科良家具的前身。当时南康的家具业从低挡起步，起初的产品以便宜、廉价而出名，当然，一分价钱一分货，质量也是比较差。当时，做产品质检员出身的刘科良先生，深深感受到如果产品质量不提升，就没法赢得消费者信赖，企业更无法发展。三姐当时就在调研市场，几乎跑遍了成都、天津、山东、苏州、深圳的家具市场和厂家。回来后她立即着手从产品质量上做提升，原来南康床用的是夹板床边、杉木床档、杉木床板，因调研中发现山东的实木床都配 7 根 4×9 的床仔，而南康是 5 根 4×6 的床仔，所以她把两者结合：床边用实木的，床仔是 4×9 的，床板用松木做。就这样，科良家具生产的床，改进了床边、床档，档次瞬间就提升了，当年参加家具展，科良家具的展厅客户最多，被围得水泄不通，获得了巨大的成功，订单络绎不绝，很多经销商前来洽谈合作。当时，科良在南康生产，三姐在苏州销售，科良家具在苏州的销售是名列前茅。没出一年，南康所有生产床的厂家都在模仿用实木床边、4×9 床档、松木床板。科良家具的床边、床仔变革带动了南康的家具产品质量一个跨时代的飞跃，科良家具可以说是引领了行业的发展。

2017 年 6 月，刘三姐来杭学习，我与三姐合影

后来，家具市场竞争越来越激烈、利润越来越薄，三姐又带领科良家具转型实木套房家具，经过两年的努力，转型成功，目前在南康、苏州拥有自己的生产车间。

从销售的角度来讲，只要是个人，都有没有被满足的需求，都有虚荣心。“赞美”正是抓住了“人性”的这个弱点而发挥着作用。但如果别人发现你的赞美言过其实、偏离实际了，即使赞美之言再优雅、再有品位、再有内涵也会让他们感觉虚伪与不真实，从而产生不安全的感觉，影响交流、沟通目的的达成。

同样，过分粗浅的赞美之词会直接损毁我们的品味。不论用传统交际的眼光看，还是用现代交际的眼光看，阿谀谄媚都是一种卑鄙的行为。正人君子鄙弃它，小人之辈也不便明目张胆地应用它，即使“拍马行家”也会对这种行为嗤之以鼻。孔老夫子有云：“巧言令色鲜矣仁。”伟大领袖毛泽东主席生前也多次批评吹吹拍拍、拉拉扯扯的庸俗作风。在现实的交往中，大凡向别人敬献谄媚之词的人，总是抱着一定的投机心理，他们自信不足而自卑有余，无法通过名正言顺的方式博取对方的赏识，表现自己的能力，达到自己的目标，只好采取一种不花力气又有效益的途径——谄媚。

所以在赞美别人的时候一定要把握住一条原则：宁无勿过，宁肯不去赞美，也不要花言巧语、夸大无边。

这里我参考一些资料，总结了几条高质量赞美的方法，供大家借鉴。

(1)赞美的话要坦诚得体，必须说中对方的长处

人总是喜欢奉承的。即使明知对方讲的是奉承话，心中还是免不了会沾沾自喜，这是人性的弱点。换句话说，一个人受到别人的夸赞，绝不会觉得厌恶，除非对方说得太离谱了。

奉承别人首要的条件，是要有一份诚挚的心意及认真的态

度。言辞会反映一个人的心理，因而轻率的说话态度，很容易被对方识破，而产生不快的感觉。

(2)背后称颂效果更好

罗斯福的一个副官，名叫布德，他对颂扬和恭维，曾有过出色而有益的见解：背后颂扬别人的优点，比当面恭维更为有效。这是一种至高的技巧，在人背后称扬人，在各种恭维的方法中，算是最使人高兴的，也最有效果的了。

如果有人告诉我们，某某人在我们背后说了许多关于我们的好话，我们会不高兴吗？这种赞语，如果当着我们的面说给我们听，或许反而会使我们感到虚假，或者疑心他不是诚心的，为什么间接听来的便觉得悦耳呢？因为那是背后的赞语。

德国的铁血宰相俾斯麦，为了拉拢一个敌视他的属员，便有计划地对别人赞扬这部属，他知道那些人听了以后，一定会把他说的话传给那个部属。

(3)别像暴发户花钱那样，大手大脚地把赞美的“高帽”扔得到处都是

对于不了解的人，最好先不要赞美，要等你找出他喜欢的是哪一种赞扬，才可进一步交谈。最重要的是，不要随便恭维别人，有的人不吃这一套。

(4)不可明目张胆讨人好

清朝刊印《二十四史》时，乾隆非常重视，常常亲自校核，每校出一个差错来，都觉得是做了一件了不起的事，心中很是痛快。

和珅和其他大臣，为了迎合乾隆的这种心理，就在抄写给乾隆看的书稿中，故意在明显的地方抄错几个字，以便让乾隆校正。这是一个奇妙的方法，比起当面奉承他学问深，这样做能收到更好的效果。皇帝改定的书稿，别人就不能再动了，但乾隆也有改不到的地方，于是，这些错误就传了下来，今天见到的殿版书中常有讹处，有不少就是这样形成的。

和珅工于心计，头脑机敏，善于捕捉乾隆的心理，总是选取恰当的方式，博取乾隆的欢心。他还对乾隆的性情喜好、生活习惯，进行细心观察和深入研究，尤其是对乾隆的脾气、爱憎等了如指掌。往往是乾隆想要什么，不等乾隆开口，他就想到了，有些乾隆未考虑到的，他也安排得很好，因此，他很受乾隆的宠爱。

和珅拍马屁水平高在两点：一是知己知彼，每拍即中；二是让对方浑然不觉却全身舒坦，因为他做得无声无息，不着痕迹。

如果一个人的学识、机智、地位等到了一定水平，恭维话便可大讲特讲，有声有色。这里有一则钱锺书先生的例子。有一年冬他访问日本，在早稻田大学文学教授座谈会上即席作了《诗可以怨》的演讲。开场白是：

> 到日本来讲学，是很大胆的举动，就算一个中国学者来讲他的本国学问，他虽然不必通身是胆，也得有斗大的胆。理由很明白简单。日本对中国文化各方面的卓越研究，是世界公认的；通晓日语的中国学者也满心钦佩和虚心采用你们的成果，深知道要讲一些值得向

各位请教的新鲜东西，实在不是轻易的事。我是日语的文盲，面对着贵国汉学的丰富宝库，就像一个既不懂号码锁又没有开撬工具的穷光棍，瞧着大保险箱，只好眼睁睁地发愣。但是，盲目无知往往是勇气的源泉。意大利有一句嘲笑人的惯语，说："他发明了雨伞。"

据说有那么一个穷乡僻壤的土包子，一天在路上走，忽然下起小雨来了，他凑巧拿着一根棒和一方布，人急智生，把棒撑了布，遮住头顶，居然到家没有淋得像落汤鸡。他自我欣赏之余，也觉得对人类做出了贡献，应该公之于世。他风闻城里有一个"发明品专利局"，就兴冲冲拿棍连布，赶进城去。到那局里报告和表演他的新发明。局里的职员听他说明来意，哈哈大笑，拿出一把雨伞来，让他看个仔细。我今天就仿佛那个上注册局的乡下佬，孤陋寡闻，没见识过雨伞。不过，在找不到屋檐下去借躲雨点的时候，棒撑着布也不失自力应急的一种有效办法。

这段开场白，其实讲了两个层次的内容。先讲对日本汉学研究中国人不敢等闲视之。即使是中国专家在日本讲中国学问，也要对听众的水平做最充分的估计。后段讲自己不通晓日语，除了有勇气之外，没什么资本。然而，自嘲正乃是恭维别人的一种很好的方法。

(5)赞要准,捧贵新

对于初次见面的人,哪一种赞美最有效呢?我个人认为最好避免以对方的人品或性格为对象称赞,而是称赞他过去的成就、行为或所属物等看得见的具体事物。如果赞美对方"你真是个好人",即使是由衷之言,对方也容易产生"才第一次见面,你怎么知道我是好人"的疑虑及戒备心。

如果赞美过去的成就或行为,情况就不同了。赞美这种既成的事实与交情的深浅无关,对方也比较容易接受。也就是说,不是直接称赞对方,而是称赞与对方有关的事情,这种间接奉承在初次见面时比较有效。如果对方是女性,则她的服装和装饰品将是间接奉承的最佳对象。

我有一位关系很好的编辑朋友,长得很像一位著名演员。每当我和他一起到饭店去,初次见到他的服务小姐们,都会对他说:"哇!你长得真像电影明星!"的确,无论是他的容貌还是气质都与那位演员非常相似。一般而言,说某人很像名演员,是一种恭维之词,被称赞的人通常不会不高兴,但我这位朋友的反应却不同,听了服务小姐的奉承后,原本不喜欢开口的他,变得更加沉默了。

服务小姐可能是半真心半奉承地说出那些话,但是,对方不予理会,她们也只流露出诧异的表情。然而,这位朋友的反应一点也不奇怪,因为服务小姐的赞美根本不得法。他了解自己的缺点,就是容易给人冷漠的印象。而那位电影明星在屏幕上所扮演的正是冷酷无情的角色。所以,如果说他酷似那位电影明星，这哪里是在赞美，分明是指出了他的缺点。

另外，从第三者口中得到的情报有时在初次见到对方时能起到重要的作用。因此，利用所得到的情报当面夸奖对方，当然也是为了自己主动。但是，如果你将这些情报、传言直接转述给对方，恐怕只会遭到轻蔑。因为满街飞舞的有关他的传言就是人们对他公认的名声。对此他已经听腻了，甚至麻木了，如果你旧事重提，对方表面上也许付之一笑，内心却十分厌烦，甚至会说："看！又来了！老一套！"从而将你打入他以前认识的很多平庸者的行列。

有关对方的传言，对你来说即使十分新鲜，也应避开这些陈旧的赞美之词，而大大赞美他较不为人所知的一面。正如出现在著名作家三岛由纪夫的著作《不道德教育演讲》中的将军，一听到别人称赞他美丽的胡须便大为高兴，但对于有关他作战方式的赞誉却不放在心上。这种心理是每个人都有的。大概不少人赞美过这位将军的英勇善战及富于谋略的军事才干，但是他作为一个军人，不论在这方面怎样赞美他，也只是赞歌中的同一支曲子，不会使他产生自我扩大感。然而，如果你对他军事才能以外的地方加以赞赏，等于在赞词中增加了新的条目，他便会感到无比的满足。

(6)嘴甜未必心就好

吹牛拍马的人，总是通过甜言蜜语、花言巧语，使对方在不知不觉或轻松愉快中入耳入脑而变得春风得意或忘乎所以。有时，你做了一件事情，自己吃不准是对是错，如果有人趁机贡献几句好话，你就会飘飘然，大有“深获我心”的知音感，不禁发出“知我者唯你也”的慨叹。再说，古今中外能够“闻过则喜”的人实在太少，听到别人赞美自己而欣然大悦的人倒是太多，“闻过则喜”的首创者也未必真能“闻过则喜”。在这种社会心理环境下，虽然明知阿谀奉承的人大都言非心声，甚至可能别有用心，却仍然愿意或乐意姑妄听之，自我陶醉，这也叫“一个锅要补，一个会补锅”。这大概就是人们对阿谀谄媚既怀深恶痛切之心又有洗耳恭听之意的主要原因。

冲着人们这层心理，酒家、舞厅的服务小姐对待上门捧场的客人，左一句“老板”右一声“董事长”的，不知满足了多少男人的心。她们口中的称呼虽是职业性的奉承，仍令承受者飘飘欲仙，犹如真当了老板、董事长。

一个挣薪水的突然成了老板，其心中的快活自是不在话下，即使短暂，也心满意足。可长久以来我们习惯于这样衡量人：爱夸赞的人是虚伪的，爱挑错的人是真诚的。后者难能可贵，所以有成语“闻过则喜”“攻错之谊”。我们是那么怕吃亏上当，以致神经过敏，听到赞美自己的话，就疑之入骨；同时留心自己绝不轻易称赞别人，免得落下“嘴儿甜”的坏印象。

赞美的话语一般来说都是善意的，不是来捧杀你的。即便溢美之词也大多是好意，效果也通常是好的。一棵小歪脖树，你夸它美丽，它绝不会盲目自大起来，往更歪了长，而是会竭尽全力直起身子来。一个跛脚孩子，你说：啊，多美丽的孩子啊！这孩子听了绝不会昏到认为越跛越美丽，而是会加倍锻炼矫正自己。相反,你见面就说一句符合实际的话:你这个病孩子!他没准会变成瘫痪。孩子越夸越聪明,不信你可以试试。孩子如此,大人也是一样的。一电视剧里演员们表演个个舒展自如,我问导演诀窍,导演说:一段拍下来,我先说"好",不管好不好我都惊喜状说"好",然后再具体指点。我听了受教良多也颇认同。我们还有另外的俗话:良言一句三冬暖,恶语伤人六月寒。这良言窃以为是指逆耳忠言,多半是指夸赞的话。你赞美了一个人,比如一句"你的衣裳好漂亮",被夸者如果是位教师,则他的学生那一天会多得到老师几个亲切微笑。

(7)一把钥匙开一把锁

也许你没有留意,恭维在生活中不但是好的润滑剂,还是人际关系的解毒散,许多尴尬之事,都可用它一一化解,当然也要注意"到什么山上唱什么歌,开什么锁用什么钥匙"。

①异性纠缠。这是令许多女子颇感烦恼的问题。当今社会,青年女子在生活与工作中与男人接触越来越多,自然令一些男人心动神移,生出非分之想。怎样使男人们打消念头,又不至于影响到彼此关系,这是摆在青年女子面前的一道难题。我们可在谈话中先恭维对方,给其一个响亮的称呼,从而使对方于盛名之下难以胡作非为。俗话说:"爱美之心人皆有之。"你年轻漂亮,别人想跟你亲近,不能一概斥之为"好色之徒"。不妨给他戴一顶高帽子,迫使其打消邪念。有一位女子,相貌出众,在一家公司负责产品销售策划。一次跟某公司经理谈判之后,经理悄悄主动邀请她:"小姐,晚上陪我吃夜宵好吗?"她不得不按时赴

约。见面后，经理喜出望外，情意绵绵。两人边吃边谈。女子竭力向经理劝酒，滔滔不绝地向他介绍公司的发展计划，并不时赞扬这位经理，称他是一位有修养、有气质、讲信用、受人尊敬的现代企业家。经理颇为得意，故作谦虚："你过奖了。"最后两人共舞一曲而告终。临别时经理握住女子的手，郑重地说："你是个自尊自爱的女子！我心里会永远记得你这个完美的女孩形象的。"

②自我解困。即说错话之后，巧妙地通过恭维对方以达到自我解困的目的。任何人都会反感恶语而绝不会拒绝赞美。适度的恭维既会令对方心生暖意，又会令自己摆脱语误的困境，何乐而不为呢？

一个高高瘦瘦的小姐新买了一件掐腰的短上衣，兴冲冲地邀女友品评。女友见她穿了新衣看起来有点胖，不禁脱口说道："这件衣服并不适合你。"对方顿时面沉如水。女友见状自责，转而笑吟吟地说道："像你这样苗条又修长的身材，如果穿上那种宽松肥大长至膝下的衣服，就会越发显得神采飘逸、潇洒大方了。那些矮而又胖的人就穿不出这种气质来。"小姐听罢顿时转怒为喜。

女友的话既巧妙地暗示了这件衣服不合其身材，又诚恳地指出了其择衣标准。同时用苗条修长这样美好的词语委婉地指出了其身材的特点，又用矮胖之人来对比，照顾对方的自尊心。一句看似恭维的话，实则蕴含了无限的玄机，因而便显得委婉含蓄，巧妙地为自己解了围。

③制止争吵。人与人相处，发生争吵在所难免，夫妻间也不例外。对此，一旦有了纷争，即使认为自己一方在理，也应避免过分的数落、指责。这时候，最好的方式是使用调侃、幽默的言语，浇灭对方的怒气，达到结束纠纷的效果。有一妻子虚荣心重，当夫妻商量如何出席友人婚礼时，她缠着丈夫要买一种昂贵的花帽。此时正值夫妻俩闹经济危机，丈夫自然不肯答应花这笔钱。争吵中，妻子赌气地说："人家小喜和小金的爱人多大方，早就给自己的夫人买了这种花帽，哪像你，小气鬼！"丈夫不愿争论，只是故意夸张地说："可是，她俩有你这样漂亮吗？我敢说，她们如果也有你这样美，根本就不用买帽子装饰了，是吗？"妻子一听幽默的赞语，不觉转怒为笑，一场争吵也随之止息了。

④应对傲者。高傲者多看重自我形象，感觉良好。与他们打交道不妨采取投其所好的方式，对其业绩、学识、才能等给以实事求是的赞美，使其荣誉心、自尊心得到满足。这样就可以从心理上缩短距离，同样能起到左右他们态度的作用。比如，有位生性高傲的领导，一般人很难接近，他的生硬冷漠面孔常使人望而却步。有位外地来的办事员听说了他的脾气，一见面就微笑着递了一支烟说："领导，我一进门就有人告诉我，处长是个爽快人，办事认真，富有同情心，特别是对外地人格外关照。我一听，高兴极了。我就爱和这样的领导共事，痛快！"领导的脸上立刻露出一丝笑容，接下去谈正事，果然大见成效。

这位办事员的成功便得益于开头的那几句恭维话。这样，对方就不好意思对一个恭维尊敬自己的人冷遇，露难看脸了。

自然会在维护自我形象的心理支配下变得和蔼可亲起来。使用恭维方式时需注意两点:一是要实事求是,恭维的内容不是无中生有,而是确有其事,对方才会感到高兴,如果进行肉麻的吹捧,拍马屁,清醒的高傲者会把他当成小人而更加小视;二是赞美要适可而止,赞美在这里不过是使高傲者改变态度的手段,是交际的序幕,如果一味赞美,而不及时转入正题,就失去了意义。

⑤巧妙指责。某百货公司的时装专柜,有一段时间,客人纷纷投诉指责售货小姐服务态度不佳。专柜主任的解决方式真是与众不同,而且效果惊人。他没有指责那些售货小姐反而大肆赞扬,他对那些被客人指名的小姐说:“有客人称赞你服务亲切,希望今后继续努力。”“有客人说你很有礼貌。”这么一来,她们的待客态度便大为改变,笑脸迎向任何客人,业务蒸蒸日上。

这真是巧妙地掌握女性心理的教育方法。一般来讲,女性被人指责说“你要改掉什么什么缺点”,她们甚至觉得全部人格都遭到否定,很容易反抗或哭泣。但如稍加称赞,她们便神采飞扬,变得非常积极。如想纠正女性的缺点,不要直接指出缺点而要称赞她的优点,这一点非常重要。如此一来,她们会更加发挥优点,同时也改掉缺点。

总之,恭维是一种型号齐全的万能钥匙,用处多多,灵验无比。

(8)高帽之下,男女有别

一位劳模售票员在谈自己的工作体验时,有一个窍门,她常常无意识地点明是男乘客还是女乘客,其实细究下来这个做法不是偶然的。请看以下片段：

> 一次，一位乘客带着一个已经超高的小孩子上车，我说："您的孩子够高了，该买票了。"乘客不解地说："这孩子还没上学呢，就买票呀？"我当时用幽默的语言对他说："您的孩子还没上学就长这么高，发育这么好，您不高兴吗？"我这么一说，乘客便高兴地又买了一张票。
>
> 还有一次，我在车上讲完让座的宣传用语后，坐在票台的一位女同志站起来把座位让给了抱孩子的男乘客，这人一坐下来就忙着哄孩子，连声谢谢都没有说，让座的女乘客脸上顿时有点儿不高兴，斜着眼看着他。看到这场面，我连忙对着小孩说道："小朋友，快谢谢阿姨，人这么多，阿姨这么累还给你让座，你说阿姨多好啊，快说阿姨好！"抱小孩的男乘客这时才猛然一惊，似乎明白了什么，忙对让座的女同志说："谢谢您，实在对不起，孩子一哭，我真不知怎么好了，真太感谢您了。"女乘客脸上有了笑容，忙说："不客气。"

带孩子的旅客无论男女，都会有相同反应，这是共同心理，无须指明性别；而让座事件中是指明性别的，而且性别互换后事情就无法成立：女乘客一般不会忘了致谢，而男性则一般不会因为对方不致谢而生气。

单就与戴高帽密切相关的虚荣心来讲，男女是有一定差异的。男人要面子好虚荣，多表现在追逐功名、显示能力、展示个性以显潇洒和能人之形象方面，而女人则表现在对容貌、衣着的刻意追求或身边有个白马王子以示魅力方面；男人要面子、好虚荣毫不遮掩，有时甚至坦率得令人吃惊，而女子则总是遮遮掩掩、羞羞答答，“犹抱琵琶半遮面”；女性对于面子、虚荣还有几分保留，而男子则是全力以赴去追求面子，好似他的人生目的就是面子一般；男人为了面子可以大动干戈，有权力的甚至可以轻则杀一儆百，重则发动战争，女人为了面子则会大喊大叫骂街或者在家里鬼哭狼嚎几声。对了，告诉你一声，男人的面子千万不要去伤害、破坏，否则便万事皆休了——友谊中断，恋爱告吹，生意不成，升官无望，职称泡汤。

因此，称赞异性，绝对要讲究技巧，否则稍有不慎便会招致不必要的误解。如果是初次见面，你的赞美还可能被理解成过于露骨的奉承或给人留下低俗厌恶的印象，无法将自己要表达的意思正确地传递给对方。

我认为，初次与异性会面，使用含糊的赞美之词是一种好办法。因为对于含意模糊的词句，人们多半会往好的方面理解。

对女性赞美还应该注意下面的情形：

①加班时，如果对女职员说“你可以回去了”，不但没有讨好，反而容易使对方认为你轻视她。

某汽车厂的营业科长每见到我便发牢骚：“女孩子真是难以捉摸，骂就哭，夸奖其中一个却得罪其他女孩子，再这样下去真会生病。”日前决算，他轻声告诉两个不必留下来加班的女职员：“你们可以回去了。”想不到对方却不高兴地说：“别人都留下来，我们为什么回去。”看来他的一番好意似乎被她们当作被轻视的话。

越是认真工作的女性越痛恨被歧视。这种情形，不要只说：“你们可以回去了。”最好用安慰的口吻说：“你们每天很辛苦，今天可以早一点回去。”如有这样的机灵，那么对方也会感谢你的一番好意，高高兴兴地回家了。

②千万不要在女性面前称赞其他女性。

有人说：“女人的敌人就是女人自己。”对女性而言，其他女性全都是永远的敌人。市内某女中，据说有位男老师在课堂上总是以相同的速度走动，倘若中途不经意停下来，那么全班便认为老师对旁边的女孩子有意思，也许有人会觉得很荒谬，但实际上却有男老师因不堪其扰而辞掉教职。

“男人也会嫉妒。”也许女性如此反驳，老师站在身旁认为“老师对我有兴趣”，这是女性特有的自我中心式的观念。女性在男女关系中没有所谓洒脱的状态，即没有所谓中立状态。例如情侣相偕上街，男的看着迎面而过的漂亮小姐，说道：“哇！好漂亮的女孩。”大致上，女的会生气不再理他。

③女性有关家庭或孩子的牢骚，不要以为同声附和能讨欢心。

女性跟人谈话时，话题很容易谈到自己的孩子、家庭，而这些话大多以发牢骚的方式说出来。例如：“我儿子爱玩，真叫人担心。”如果你不小心附和说：“是啊！那孩子的确如此。”对方必定大为发火，其理甚明。

女性的牢骚，细加推敲，不难发现带有这样的期待：“我儿子只是好玩，如果这一点改过来，无论什么，都会有长足的进步。”甚至可能是在炫耀：“我儿子聪明、乖巧，只是好玩而已。”

至于有关先生的牢骚，可说完全是在炫耀。“每星期打高尔夫球，连星期天也不在家，他实在应该稍微为孩子想一想。”其实她想炫耀：“我先生忙着应酬，陪客人打高尔夫球，这是事业成功的现象。”只是不好意思直接炫耀，所以才采用牢骚的方式说出来。不要附和这种牢骚，应该加以否定说没有的事而使她心旷神怡才是机灵。

有一位大官，特别会奉承人，一次由于种种原因外出做官，临走之前，去拜别老师，老师告诫道：“在外边做官也不容易，一切事必须小心谨慎。”这位大官很自信地说：“我准备了一百顶高帽，逢人便送一个，应该不会有不愉快的事。”老师听了，大怒道：“我辈都是刚直之人，何必那样做！”大官忙说：“天下像老师这样不爱戴高帽的人能有几个？”老师点点头说：“你的话也不是没有道理。”大官告别老师，出门对人说：“我准备的一百顶高帽，现在剩下九十九顶了。”

赞美就是美丽的谎言，首先要让人乐于相信和接受，但不能把傻孩子说成是天才一样的离谱；其次是美丽高雅，不能俗不可耐、低三下四，糟蹋自己也让别人倒胃口；再者便是不可过白过滥，毫无特点，不动脑子。

第二篇

陈义生的演讲独门秘籍

第五讲　学好演讲的关键

当今社会的节奏越来越快，人们的心态容易变得焦虑、浮躁。对于学习内容的要求也变得越来越功利，对那些学了就会、拿来就能用的知识和工具的需求度越来越高，所以各种速成班几乎遍布城市的每一个角落。

如果你也是抱着这样的心态来学习演讲，那恐怕要让你失望了。学习演讲是一个日积月累、循序渐进、细水长流的事情，绝非一日之功。很多时候我们看到演讲者在台上意气风发、豪言壮语，大有指点江山、挥斥方遒之意，头顶各种光环、头衔，享受观众的鲜花、掌声。看起来真是风光无限，令人心生艳羡，殊不知，"台上一分钟，台下十年功"！每一位有成就的演讲者背后一定付出了常人难以想象的努力和坚持。就像现在流行的网络游戏中要打怪升级一样，需要一步一个脚印实打实的练习和感悟，但它绝非像游戏升级那样充满了趣味性，演讲的练习是枯燥无味的。所以，如果你真的想拥有演讲这项能力，那么请做好接受各种训练、挑战的准备。

从我个人多年的演讲生涯中，我总结出几条建议分享给初学者，希望能够给你们一些参考和帮助。

学好演讲的四大要素

在我的《领袖演说秘训》培训班上，我经常会问学员这样一个问题——如何才能学好演讲？几乎所有学员的回答中都有“练习”这个答案。当然，任何本事，不练肯定是不行的，但对于学习演讲而言，“练习”只能占四分之一的比重。上文中我提到学习演讲要做好各种练习和挑战的准备，我把它总结为学习演讲的四大要素。

(1)热爱行业

石油大王洛克菲勒曾对儿子说：“如果你视工作是一种乐趣，人生就是天堂；如果你视工作是一种义务，人生就是地狱。”这句话非常生动地表述了工作心态对人生状态的影响。纵观古今中外，但凡在某一个领域有突出成就和贡献的人，无不是那些对行业或领域无比热衷、倾力付出的人。我始终坚信，只有热爱，才会珍惜，才愿意为之付出，才会产生强烈的责任感和使命感，也由此会给你带来强大的能量。就我自己而言，我非常热爱演讲，每一场演讲我都非常珍惜，把它作为我最后一场演讲去准备。

记得有一次在泰国演讲，那是我有史以来最为艰难，但对我个人的磨砺也是最大的一场演讲。可能是前一天晚上多吃了点海鲜的原因，我从演讲那天的凌晨开始就肚子绞痛、腹泻，时不时地上卫生间。原以为吃了药，折腾一晚上也就过去了，结果到了临上场前我还在洗手间。加之前两天潜水时不慎踩到了海胆，扎了一脚底的海胆刺，真的是脚底钻心刺骨、肚中翻江倒海、脑袋头晕目眩，几乎所有的不利条件都赶到一起了。五百人的场，我一口气讲了三个小时，中间又不敢喝水，不怕大家笑话，那场演讲我是穿着纸尿裤讲完的。

所以我经常和我的学生说“磨难是财富，经历是营养”。有了这样的演讲经历，舞台上还有什么样的困难能让我心悸呢？每次讲到这一段“血泪史”的时候总有学生问我是怎么坚持下来的，我觉得原因是热爱，我热爱演讲、热爱这份职业、珍惜演讲的机会！

(2)打开自己

我理解的“打开自己”分为内外两个层面。对内，它是演讲者开放的一种心态。作为演讲者站在舞台上需要以开放、交流的心态面对观众。所谓众口难调，难免会有观众持与演讲者不同的意见，甚至发出质疑的声音。如果没有开放的心态接纳这些不同的声音，对演讲者而言是一种伤害和打击。长此以往，演讲者恐怕很难在演讲这条路上坚持下去。

对外，它是对演讲者肢体语言的一种要求。演讲者在演讲的过程中所做的肢体动作对观众而言是非常重要的一部分视觉体验。如果演讲者动作拘谨、犹豫不决就显得演讲者谨小慎微、小家子气，会影响整场演讲的效果。所以我经常和学生说，只要你站在舞台上，舞台就是你的，该跳就跳、该闹就闹。

很多人打不开自己是因为好面子，觉得在台上又唱又跳、又蹦又闹地丢人。自古以来“面子”这个东西不知道害了多少人。演讲者要切记一句话“自己给的顶多算是里子，观众给的才是面子”。一场演讲下来，如果演讲者的焦点始终在自己的“面子”上，那么这场演讲顶多也就停留在“形”的层面，根本讲不出内容的“神韵”，观众对这种演讲的评价也往往以负面居多。所以，演讲过程中越纠结于“面子”，最终反而越没有“面子”。

“把我的脸皮撕下来！扔在地上！狠狠地踩两脚!”讲这句话配上动作是我演讲班上每位学员必过的环节！

(3)名师指导

任何学习，有名师的指导自然可以事半功倍，学习演讲亦是如此。然而现实中并非每个人都有这样的机缘，即使有这样的缘分，很多人也往往因为高昂的学费而止步。鉴于此，我倒建议退而求其次，把“名师指导”改为“寻师指导”。

孔子说“三人行必有我师”，初学演讲者抱着这样的心态，多请身边的人提建议，多和会演讲、讲得好的人接触交流，有机会参加专业的演讲培训，通过如此来提升自己的演讲能力倒不失为一种良策。

(4)坚持练习

练习很重要，在所有学习手段中，练习是最基础，但最有效的。在我的演讲生涯中有一条练习原则，即“五〇原则”。什么意思呢？就是在初学演讲阶段，所有台上要呈现的内容，在台下必须最少练习 50 遍。我的徒弟们都知道，这是一条铁的纪律，也是一场精彩演讲最有效的保障。

五〇原则

我的第一份工作是在深圳一家集团做行政专员，那时候工资很低。一次偶然的机会让我对演讲产生了浓厚的兴趣，兴趣的来源是会公众演讲，可以去培训员工，也是为了做好工作，同时能增加收入。从那时候我就开始练习演讲，在这过程中还发生过不少趣事。印象最深的是因为过于投入地练习拿麦克风的姿势而差点丢掉住处。也可能就是那个时候就种下了提出“五〇原则”的因。

说实话，我在演讲上的天资不算聪颖，那时候我每天下班回到住处就练习演讲的肢体动作。最开始就是练习拿麦克风的手势，没有道具，我就弄了一瓶矿泉水来代替麦克风，正好重量也差不多。每天下班我就独自一个人在住处对着镜子一手拿麦克风，一手做手势练习。好几次被房东阿姨看到我一个人在房间手舞足蹈的，就和邻居说住在楼上的那个小陈好像精神上有点问题。后来房租到期了，阿姨让我搬掉，我费了好大劲才续租下来。那时候搞得灰头土脸的事，现在想来反倒觉得蛮有意思。也许正是因为我对基本功练习的一丝不苟，造就了在后来的演讲中，不论是耳麦、胸麦、手持麦还是鹅颈式话筒，几乎任何麦我都用得得心应手。

不仅仅是演讲的基本肢体练习需要如此，演讲内容的预演也是这样。比如下面这个《成功老人》的故事，这个故事是我在指导学生练习讲故事时的模板，每个人必须把这个故事讲到炉火纯青，我做过统计，讲到炉火纯青这个地步刚好是练习差不多50遍的样子，这也印证了我这个“50原则”的重要性。

成功老人

从前有个年轻人，非常渴望成功。有一天，这个年轻人听说在遥远的南山上住着一位成功老人，他掌握了成功的秘诀，只要找到他就能获得成功。于是，这位年轻人背上干粮，跋山涉水、不辞千辛万苦终于找到了成功老人。

只见成功老人仙风道骨、鹤发童颜，笑呵呵地坐在蒲团上。年轻人激动地冲上前去：“成功老人！成功老人！我终于找到你了！请你把成功的秘诀传授给我吧！”

只见成功老人伸手从左边的笼子里抓起一只小鸟，问道：“年轻人，你说这只鸟是死的还是活的？”

年轻人一看小鸟在老人手里扑腾挣扎，回答道：“这只鸟是活的！”

“咔嚓！咔嚓！咔嚓！”但见成功老人用力一握，小鸟死了。

这时，成功老人又从右边的笼子里抓起一只小鸟，问道："年轻人，这只小鸟是活的还是死的呢？"

年轻人一想，活的都被你捏死了，便回答道："这只鸟死定了！死定了！"

可成功老人却把手一松，小鸟噗嗒！噗嗒！噗嗒飞走了。

到此，年轻人才恍然大悟：原来成功都掌握在自己的手里啊！

对！只要我们掌握了正确的方法，刻苦练习，永不放弃！我们每一个人都能够获得成功！

演讲三要素

1971年，美国加州大学洛杉矶分校的阿尔伯特·梅拉宾博士提出一种关于非语言沟通内容对观众影响比例的理论，该理论被命名为梅拉宾法则。我第一次接触这个法则是在多年前的一堂演讲训练课上。当时老师提出来一个关于一场演讲在视觉、听觉和内容上对观众的影响比例的划分问题。很多同学，包括我自己也一样，都把对观众产生影响的重点放在了演讲的内容上。而当老师公布答案，演讲中视觉影响观众的比例占55%，听觉占38%，内容对观众的影响仅占7%时，我一度持怀疑态度，实在不敢相信一场精心准备的演讲，内容对观众的影响才这么一点点。

后来，随着演讲场次的不断增多我才领悟到这个理论的真谛。这也成了我此生演讲生涯中的又一条铁律，我把它称之为“演讲三要素”，每一场演讲我都会遵循，它甚至已经成为我生活和工作的一种习惯。

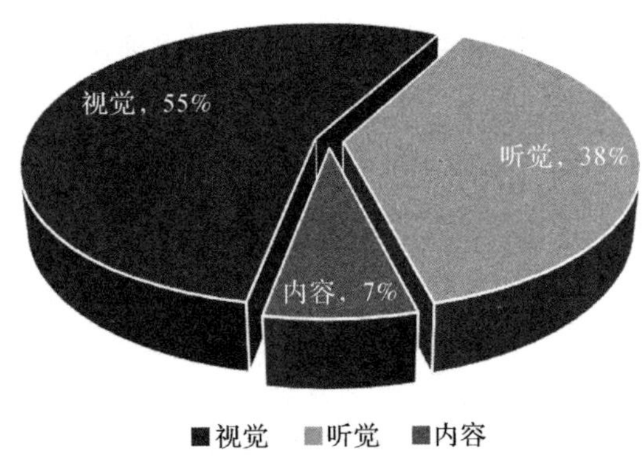

演讲要素对观众的影响占比

(1)视觉

首先，是演讲三要素中占比达到55%的视觉。我的理解是，一场演讲中所有观众眼睛看得到的部分都需要演讲者去精心设计和准备。大到酒店的星级档次，会场的大小、层高，会场的摆场，舞台的高度，灯光的明暗，投影或屏幕的清晰度；小到演讲者的穿着、发型、PPT上字体的大小与色彩搭配等。这其中的每一个细节都是有一定的标准的。就拿我来说，每场演讲之前必先理发，这已经成了我的一种习惯。因为修整一下头发会让人更显得精神饱满，状态更佳。不仅如此，每场演讲上台之前我还会洗个热水澡，放松一下身体，换一身提前熨好的衣服，穿戴整齐，轻装上阵。这样不仅能让人舒服，也能缓解紧张情绪。

在我的带动下，我很多的学生都这么在做。我记得是2016年5月份，博天国际《99赢利系统》在江苏无锡开课。那天晚上，博天的周立波老师入住酒店后向酒店前台要一套熨斗熨板到他房间，因为第二天他要讲课，需要提前熨一下衣服；结果被告知酒店唯一的熨斗熨板已经被客人借走了。周立波老师让前台提供一下客人的信息，希望可以向客人借用一下，又碍于酒店对客户信息的保护而未能实现。那一天报博天名义入住的客人比较多，周立波老师就问是不是博天的客人借走的，得到前台肯定的答复后，周老师随即问道："是不是朱伟国？"这是非常精准的"神提问"，那套熨斗熨板确实就是朱伟国借走的。而朱伟国就是我的学生。用周立波老师的话讲，得知被博天的人借走后，他脑海中出现的第一个有这个习惯的人就是陈老师，第二个就是伟国，那天陈老师不在，那自然就是伟国了。

针对培训演讲视觉部分的打造，我总结了以下标准供大家参考：

会销培训会场选择参考标准

序号	关注点	标准
1	场地	1.方正,长宽比例约为3∶2,面积在$300m^2$以上,会场高度5m左右为宜; 2.四面平正,整场无中柱,地面铺设地毯,隔音好。
2	舞台	舞台不凹凸,高度在40cm左右为宜。
3	屏幕	1.会场有LED为佳,次选投影; 2.若为投影,屏幕离墙面距离在25cm以上为宜; 3.切忌出现两块投影。
4	桌椅	活动课桌尺寸以1.8m×0.45m为宜,可提供桌布及桌裙。
5	演讲台	1.桌面以平面为佳; 2.桌面有孔,便于音频、视频线布置。
6	白板	1.白板架子稳固、不晃; 2.白板尺寸在0.9m×1.5m以上为宜。
7	灯光/温度	1.窗帘遮光性强,灯光可控; 2.空调可用,制冷/热效果明显。
8	音效	1.音控台可外置,音/视频线可接至演讲台,无线麦可接4支以上; 2.会场前方舞台两侧有主音箱,舞台上有耳返(不强求),会场后方两侧有辅音响,若会场过长,中间有辅音响为最佳。
9	绿植	1.可提供绿植,舞台前绿植高度在50cm左右,一字排开; 2.舞台两边以及会场后方两角的绿植高度在2m左右为宜。

此外,作为全场焦点的演讲者,配几身靓丽、时尚的服装,做好表情神态、肢体动作的展示也是至关重要的,关于这一部分,

我在后续演讲的基本功中会详细讲到。

(2)听觉

其次,是影响观众比例占到38%的"听觉"。作为演讲者,要获得观众的认可,其中极为重要的一条秘诀是给观众提供极致的听觉体验。以我为例,一般情况下我到了即将演讲的酒店,第一时间会去会场走场和试麦。走场是为了熟悉这个会场,更重要的是试麦。我会拿着麦克风边讲话边在会场内走一圈,尤其是走到离音响较近的位置,一定要停顿一会,看看会不会出现啸叫声;其次是指导音控师调整麦克风的高中低音;再是对一些会场烘托氛围的音乐的要求,如鼓掌音乐、上台音乐、课间音乐等,包括对音控师播放音乐、视频等文件的及时性做出规范,什么时候放什么类型的音乐都是有讲究的。当然,不同类型主题的活动,对音乐的风格是有要求的,大致分为热烈型、平和型、静修型。

以热烈型为例,比如主持人上台的音乐就以"下面有请我们优秀的主持人,闪亮登场"这段音频配上节奏感很强,类似徐怀钰《向前冲》前奏的音乐比较合适;主讲老师上台配类似《上海滩》《铁血丹心》《千年等一回》等前奏音乐也很不错;课间中场休息可以放一些清新提神的音乐,如《小小的新娘花》《乌兰图雅的草原》音乐等;学员进出场可以放一些欢快、有节奏、低音重一点的音乐,如类似《玩腻》。音乐在培训中起着至关重要的作用,有时候一个好的音乐可以引爆整个场的氛围。当然,也要根据不同的主题配音乐,如有些走心、煽情、感恩的环节就要播放一些安静、催泪的钢琴曲;有些高端的修心课程甚至播放的是禅修音乐。总之,要给观众极致的听觉体验,音乐是其中很重要的一个部分。

除了麦克风调音与调整音乐之外,关键的听觉体验就是演讲者的语音语调、语速与吐字发音了。

这些内容没有明确的要求和规定,说白了全靠演讲者自身的感觉和发挥,但无论如何,演讲时切忌平铺直叙,语调平平,没有高低起伏、抑扬顿挫之感。很多初学演讲的演讲者在这个部分会表现得很生硬,找不到感觉,语速该慢的时候不慢、语调该高的时候不高。其实要找到感觉并不是件难事,只要明白一点,演讲表达内容的同时也是演讲者内心情感、观点的一种表述,跟随内心的情感表达是最好的感觉。比如下面这段文字,想把握这段文字的语音语调,最直接有效的方法是了解这段文字的背景和作者当时的情感,"入戏"即可。

最后一次演讲(节选)①

闻一多②

这几天,大家晓得,在昆明出现了历史上最卑劣最

---

① 《最后一次演讲》是闻一多先生在1946年7月的李公朴追悼会上所做的讲演,在讲演中闻一多先生对国民党反动派进行了揭露和批判。

② 闻一多(1899—1946)是中国现代伟大的爱国主义者、坚定的民主战士,著名诗人、学者、演讲家。1946年7月15日在李公朴追悼会上作完《最后一次演讲》后,当天下午遭到了国民党特务的暗杀。

无耻的事情！李先生究竟犯了什么罪，竟遭此毒手？他只不过用笔写写文章，用嘴说说活，而他所写的，所说的，都无非是一个没有失掉良心的中国人的话！大家都有一支笔，有一张嘴，有什么理由拿出来讲啊！有事实拿出来说啊！为什么要打要杀，而且又不敢光明正大地来打来杀，而偷偷摸摸的来暗杀！这成什么话？

今天，这里有没有特务？你站出来！是好汉的站出来！你出来讲！凭什么杀死李先生？杀死了人，又不敢承认，还要诬蔑人，说什么“桃色事件”，说什么共产党杀共产党，无耻啊！无耻啊！这是某集团的无耻，恰是李先生的光荣！李先生在昆明被暗杀，是李先生留给昆明的光荣！也是昆明人的光荣！

去年“一二·一”昆明青年学生为了反对内战，遭受屠杀，那算是青年的一代献出了他们最宝贵的生命！现在李先生为了争取民主和平而遭受了反动派的暗杀，我们骄傲一点说，这算是像我这样大年纪的一代，我们的老战友，献出了最宝贵的生命！这两件事发生在昆明，这算是昆明无限的光荣！

反动派暗杀李先生的消息传出以后，大家听了都悲愤痛恨。我心里想，这些无耻的东西，不知他们是怎么想的。他们的心理是什么状态，他们的心怎样长的。其实简单，他们这样疯狂地来制造恐怖，正是他们自己在慌啊！在害怕啊！所以他们制造恐怖，其实是他们自己在恐怖啊！特务们，你们想想，你们还有几天？你们完了，快完了！你们以为打伤几个，杀死几个就可以了事了，就可以把人民打倒了吗？其实广大的人民是打不尽的，杀不完的！要是这样可以的话，世界上早没有人了。

你们杀死一个李公朴，会有千百万个李公朴站起来！你们将失去千百万的人民！你们看着我们人少，没有力量？告诉你们，我们的力量大得很，强得很！看今天来的这些人都是我们的人，都是我们的力量！此外还有广大的市民！我们有这个信心：人民的力量是要胜利的，真理是永远是要胜利的，真理是永远存在的。历史上没有一个反人民的势力不被人民毁灭的！希特勒，墨索里尼，不都在人民之前倒下去了吗？翻开历史看看，你们还站得住几天！你们完了，快了！快完了！我们的光明就要出现了。我们看，光明就在我们眼前，而现在正是黎明之前那个最黑暗的时候。我们有力量打破这个黑暗，争到光明！我们光明，恰是反动派的末日！

李先生的血不会白流的！李先生赔上了这条性命，我们要换来一个代价。“一二·一”四烈士倒下了，年轻的战士们的血换来了政治协商会议的召开；现在李先生倒下了，他的血要换取政协会议的重开！我们有这个信心！

"一二·一"是昆明的光荣，是云南人民的光荣。云南有光荣的历史，远的如护国，这不用说了，近的如"一二·一"，都属于云南人民的。我们要发扬云南光荣的历史！

反动派挑拨离间，卑鄙无耻，你们看见联大走了，学生放暑假了，便以为我们没有力量了吗？特务们！你们看见今天到会的一千多青年，又握起手来了，我们昆明的青年决不会让你们这样蛮横下去的！

反动派，你看见一个倒下去，可也看得见千百个继起的！

正义是杀不完的，因为真理永远存在！

历史赋予昆明的任务是争取民主和平，我们昆明的青年必须完成这任务！

我们不怕死，我们有牺牲的精神！我们随时像李先生一样前脚跨出大门后脚就不准备再跨进大门！

在网上可以搜到《最后一次演讲》的影视片段，演员也演得入木三分，建议大家可以看一看，找找感觉。对于初学者而言，这篇演讲稿的演绎难度是非常高的。我在训练学生练习语音语调时常用的素材是毛泽东的《沁园春·雪》这首词。

沁园春·雪

毛泽东

北国风光，
千里冰封，
万里雪飘。
望长城内外，
惟余莽莽；
大河上下，
顿失滔滔。
山舞银蛇，
原驰蜡象，
欲与天公试比高。
须晴日，
看红装素裹，
分外妖娆。
江山如此多娇，
引无数英雄竞折腰。
惜秦皇汉武，
略输文采；
唐宗宋祖，
稍逊风骚。
一代天骄，

成吉思汗，
只识弯弓射大雕。
俱往矣，
数风流人物，
还看今朝。

《沁园春·雪》这首词长短刚好，并且在语音语调的高低起伏、快慢缓急上都有涉及，是演讲初学者非常好的练习材料。

(3)内容

最后是影响观众比例仅占7%的“内容”。“一切没有内容的演讲，都是耍流氓！”这是我对内容这个部分在演讲中重要性的理解。或许有人会问“既然这么重要，怎么只占了7%呢？”我们是否经历过这样的场景——一位在某个领域非常资深的教授在大学里演讲，台上的教授在讲，台下的学生或玩手机，或交头接耳甚至呼呼大睡。有没有？我想答案是肯定的，有。是什么原因导致了这样的现象发生呢？难道说是这位教授讲的内容不专业、不重要吗？肯定不是。我相信同样的内容若是换了我去讲，一定不可能出现“催眠课堂”现象。原因很简单，就是很多专家、教授演讲只管讲内容，而且讲内容还忽视了自己语音语调对观众的影响，平铺直叙毫无语言情感可言。所以，上文中所讲的视觉和听觉加起来所占93%的比例其实都是为了这7%的内容而服务的。

我一直认为，不论是演讲还是培训，要让观众听得进去甚至喜欢听，首先要做的是要让听众喜欢你。我们常说恋爱中的男女看对方没有缺点，甚至缺点都是优点是因为爱屋及乌。其实学习中也一样，喜欢这个老师，自然而然地就喜欢这个老师上的课，喜欢了这个课，学习成绩肯定不会差。这一点已被无数的教学案例所论证。所以让听众有极致的视觉和听觉的体验，目的就是为了博得听众的认可和喜欢，从而更加容易接受演讲者7％的内容。

我经常和我的学生们讲，视觉和听觉的93％是形式部分，是外在的，可能跟我学一两年就可以学得很好，但7％的内容部分却不是一朝一夕可以成就的，这部分的提升是一个永恒的话题，没有止境。这就是视觉、听觉、内容这55％、38％和7％三者之间的关系。

第六讲　演讲的基本功

这一讲应该是全书中我修改次数最多的一讲了。因为这一讲的内容很多没有定法，没有定法就没有标准，更多的只能靠演讲者自己去“悟”，悟到了才能真正做到融会贯通。就如同习武一般，有步骤、规律可循，却无定法、套路可依。

我结合多年的演讲经历与教学实践，把演讲的基本功分为“形”和“气”两个部分分享给大家，希望各位能从中获得一些帮助和启发。

“形”

首先，演讲的“形”。“形”就是演讲者本身以及其带来的一切能被观众看到的视觉呈现，包括发型、着装、肢体动作、课件格式等。说白了就是不管你讲得好不好，最起码看上去要像那么一回事。

(1)发型

总体而言,演讲者的发型要求:简单、清爽、大方。我个人在每次演讲之前必须理发,不论头发长短都是如此,几乎已经成了我生活的一种习惯。

男士:前不盖眉、后不触领、两鬓露耳,打啫喱定型。

女士:发型相对丰富一些,但基本要求是长发必须盘或束起来,以体现职业、干练。

(2)着装

对于着装的要求首先是整洁,其次是根据个人的情况配几身靓丽、新潮的演讲服装。关于整洁,我想上文中周立波老师借熨斗熨衣服这件事已经能说明问题。演讲者必须配几身靓丽、新潮服装的原因,大家若是理解了演讲三要素,想必就应该都能明白。所谓靓丽,即在颜色上可以出挑一些,根据爱好和气质避免黑灰等大众色即可,面料选择上可以带点丝质,这样在舞台上灯光一打稍有反光,焦点自现;所谓新潮,指的就是款式了,注意新潮绝非是奇装异服,比如男士可以在西装的领子、扣子上做一些特殊的工艺和变化,我本人都是按照这些标准在做的,我大部分演讲时所穿的服装都是定制的,价格还都不便宜。所以真正想要在演讲上有所成就,也要舍得投入。

(3)肢体动作

演讲者在舞台上的肢体动作总体要求优雅协调、落落大方,演讲过程中为了达到效果而做出的各种演绎举动,则需要放开自己,有时候动作越夸张、滑稽搞笑,效果越好。对于初学者的肢体动作练习，我结合自己的演讲教学实践给出以下建议以供参考。

①试麦动作

我判断一名演讲者是否专业，并不需要看到他的演讲过程，只看他如何试麦便可以做出大概的判断。很多人拿起麦克风就习惯性地放到嘴边对着呼呼呼地吹气，或者用手掌咚咚咚一顿猛拍，在我眼里这是极其不专业的一种表现。

拿到麦之后，要确定麦克风是否已经打开，我一般会这样做：左手持麦，右手食指轻轻敲击麦克风，听到咚咚咚的声音即可确定麦已打开。

②持麦标准

一般以左手持麦为宜，这样可以把右手解放出来方便板书的书写。

持麦的标准动作：

A. 左手自然伸开，五指并拢，拇指与食指成 90°。

B. 小拇指边缘与麦克风底部齐平，四指并拢握麦，拇指笔直紧贴麦身把握平衡。

C. 手臂自然下垂，麦身与地面垂直（可略与地面有倾斜角度），固定于胸前，麦克风头部距离下巴约一拳。

③手部动作

手掌自然张开，五指并拢（亦可以做手指动作），手臂自然弯曲于身前、身侧做自然的手势运动。

④站姿

都说“坐如钟，站如松”说的是坐要坐得稳，站要站得直。演讲者在舞台上的站姿可以在站稳的前提下适当前倾。

⑤走姿

舞台上的走姿是最能体现出演讲者自信、从容的肢体语言之一。我对演讲走姿的要求是：迈步要轻，落脚要稳，速度适中。在演讲过程中，演讲者也可走下舞台，进入学员席间。

⑥跑姿

演讲中的跑姿更多的是指演讲者在上台的这个阶段所要表现出来的状态和传递的感觉。当主持人介绍完演讲者的信息，有请某某某闪亮登场时，演讲者以小步中速偏快的节奏跑上舞台。这样给观众传递的感觉是这位演讲者严谨自信、充满激情。

(4)PPT 格式

PPT 是演讲者表达和呈现演讲内容的重要方式和手段，PPT 上所展现出来的每一个细节，都可以反映出演讲者的严谨与专业程度。对于 PPT 的格式标准，我把它总结为以下几点。

①字体与排版要求

A. 所有字体，统一用微软雅黑。

B. 除标题及突出内容以外，所有字体用黑色，不加粗。

C. 字号：单页 PPT 标题 28 号字，正文 24 号字，模块标题 PPT 可随效果而定。

D. 正文行距 1.5 倍。

E. 所有标题统一居中。

F. 条例正文左对齐，成段正文左对齐，段首空两格。

G. 单页 PPT 中成段文字不超过 7 行。

②图片格式设置标准

A. 图片干净、完整，没有水印、logo 标识，比如下图中，右边经过处理的图片看着就比左边的干净、舒服。

B. 比例正常，在 PPT 编辑过程中，难免要对图片尺寸的大小做出调整，在调整过程中切记一定要同比例放缩，切忌简单的横向或纵向拉伸。如下图，左边的图片因为放缩不当导致变形。

C. 纯底色图片设置背景透明，比如下图中，左边图片的底色是透明的，不论 PPT 模板的底色是什么颜色，放左边这张图片都会比右边的显得协调。

③动画效果设计标准

A. 除 PPT 本身模块模板外，文字、图片动画统一设置为“从底下飞入”。

B. 文字段落动画效果设置为“分段落依次从底下飞入”。

“气”

其次，演讲的“气”。“气”就是演讲者在演讲时的气息、声音、语调、语速，是体现一名演讲者专业功底的部分。演讲中的吐字发音倒不是要把普通话说得很标准，而是要保证从嘴里说出去的每一个字都听得清晰，当然能做到字正腔圆是最好了。

其实演讲中的吐字发音本身并不难，难的是在舞台上长时间演讲还能够保持吐字清晰、发音洪亮、中气十足。尤其作为领导者，上台演讲时，声音一定要浑厚有力、充满能量。

(1)练气

俗话说练声先练气，气息是人体发声的动力和基础。有的人讲话或唱歌声音洪亮、持久有力，人们会赞叹他中气十足。其实不论说话还是唱歌都是以气托声，都需要有气力支持，气不足，声音无力，用力过猛，又有损声带。

在练气时，吸气要深，小腹收缩，整个胸部要撑开，尽量把更多气吸进去，而呼气时要慢慢进行，让气慢慢呼出。初学者可以尝试体验一下，闻到一股香味时的吸气法，注意吸气不要提肩；在吸气时，可以把两齿合上，留一条小缝让气息慢慢通过。具体的练习方法如下：

两腿分开约与肩宽，双手自然下垂，身体放松，鼻子与嘴巴同时将气缓缓地吸入体内，吸气时要均匀缓慢；气沉下丹田，下丹田位置在肚脐眼以下两寸处，呼气时也要均匀缓慢，保持气息流畅。

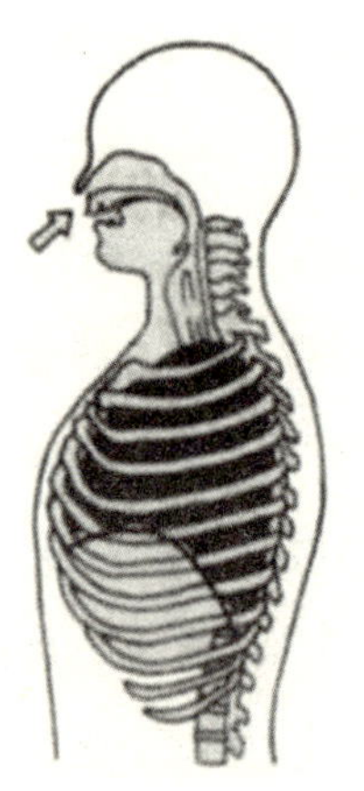

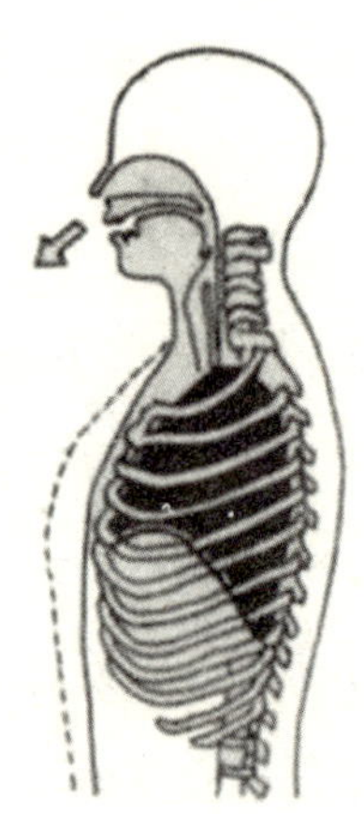

为了对自己的吸气和呼气进行控制，可以使用"数枣法"来练习、检验。先吸一口气，然后读以下这段文字：

出东门，过大桥，
大桥底下一树枣儿，
拿着竿子去打枣，
青的多，红的少。

一个枣儿、两个枣儿、三个枣儿、四个枣儿、五个枣儿、六个枣儿、七个枣儿、六个枣儿、五个枣儿、四个枣儿、三个枣儿、两个枣儿，一个枣儿。

这是一个绕口令，
一口气说完才算好。

一般要求一次吸气或一次呼气将“数枣”绕口令说完。阅读过程中，依标点符号停顿换气，要有较明显的换气动作，体会呼与吸的要领，反复练习，直至能自然地换气，顺畅地读下来为止。平时，我建议大家念一些句子，根据自我的感受停顿换气，比如可以模仿天气预报、篮球赛、足球赛的播报等，感受讲话的气息。

如果有机会面对大海、山川、雪山、草原练气那又将是另一种感受。大海、山川、雪山、草原本身就具备磅礴的气势，可以给演讲者能量加持并增加气场。比如在我的演讲班中就特地安排了沉海练习环节，练气者面对大海，让海水淹没至胸部位置，借助海水对胸腔的压力以及大海一望无际、海天相连的气势面对大海练气息与发声。

《领袖演说秘训》班深圳大梅沙海边学员练习沉海练气

《领袖演说秘训》班深圳大梅沙海边学员合影

(2)发声

我们都喜欢听那些饱满圆润、悦耳动听的声音。将心比心，对于观众而言若是演讲者的声音干瘪无力、沙哑干涩，必定影响整场演讲的效果。所以，锻炼出一副好嗓子，练就一腔好声音，是每一位演讲者都必须努力去做到的。

在练发声以前先要做一些准备工作。先要放松声带，用轻缓的气流振动，让声带有点准备，发一些轻慢的声音，切忌张口就大喊大叫，那只能对声带起破坏作用。之后，可以拿着矿泉水瓶，每天坚持练习发声。

首先发“啊”音。发音时嘴尽量张大，嗓子及所有发音机体一定要保持放松状态。自我暗示发出的声音是用丹田的气息做支撑的，声音脱口而出平行向前。此练习最好在空旷的地方进行，适情而为，不可过量，过量或过度疲劳练习会伤害嗓子。

用同样的方法做发“哦”和“咿”的练习，发音时要自我暗示声音往前额头和鼻腔靠，也可暗示声音往后脑靠。

演讲基本功的训练贵在坚持，我国早期无产阶级革命家、演讲家萧楚女就是靠着平时日积月累的艰苦训练，练就了非凡的口才。萧楚女在重庆国立第二女子师范教书时，除了认真备课外，每天天刚亮就跑到学校后面的山上，找一处僻静的地方，把一面镜子挂在树上，对着镜子开始练演讲，从镜子中观察自己的表情和动作，经过这样的刻苦训练，掌握了高超的演讲艺术，他的教学水平也得到了很大的提升。

1926 年，年方 30 的他就在毛泽东同志主办的广州农民运动讲习所工作，他的演讲至今仍受到世人的推崇。

(3)吐字

在演讲过程中，吐字清楚、流利使观众听得清、听得懂是演讲效果的基本保障。初学者在练习演讲时一定要重点关注。一个字分为字头、字腹、字尾，吐字发声时要做到咬紧字头，带响字腹与字尾。

这一部分大家可以通过读绕口令来训练，下面是我搜集的一些常用绕口令：

· 八百标兵奔北坡，炮兵并排北边跑，炮兵怕把标兵碰，标兵怕碰炮兵炮。

· 一面小花鼓，鼓上画老虎。宝宝敲破鼓，妈妈拿布补，不知是布补鼓，还是布补虎。

• 车上有个盆，盆里有个瓶，乒乒乒、乓乓乓，不知是瓶碰盆，还是盆碰瓶。

• 金瓜瓜，银瓜瓜，地里瓜棚结南瓜。瓜瓜落下来，打着小娃娃。娃娃叫妈妈，妈妈抱娃娃，娃娃怪瓜瓜，瓜瓜笑娃娃。

• 肩扛一匹布，手提一瓶醋，看见一只兔。放下布，摆好醋，去捉兔，跑了兔，丢了布，泼了醋。

“咬字千斤重，听者自动容。”用心，甚至用生命演讲，只有这样才能特别带动观众。下面是我个人最喜欢的一段《武松打虎》评书。评书要求“做打演说”相结合，话一出口，表情、语气、动作要合一，“说”不仅要抑扬顿挫，节奏语速运用适当、声情并茂、引人入胜，还要注意用角色语言来凸显人物鲜明的个性，符合身份特征；动作要求和内容情节相符合，舒展流畅，疾缓有序；在情节发展中语速该快则快、该慢则慢，使听众产生悬念。当然，对于演讲初学者而言，这要求可谓高不可攀，那是相对于内容演绎而言的，就吐字发音来说，这段评书是非常好的训练材料。

《武松打虎》节选

书接上回，话说景阳冈山道上走来一人，您看他一身打扮：头顶红绒英雄结，身着玄色短衣，下着玄色来腿裤，脚登千层底布鞋，手提齐眉花梨木哨棍，疾步如飞，一路直奔景阳冈酒家而来。他是谁？他姓武名松，排行第二，江湖人称武二郎。一身功夫十分了得，为人侠义豪爽，在江湖上是美名远扬。

“小二，来好酒八大碗，卤牛肉三斤。”

“哎，来了，客官，请上座。卤牛肉要多少都有，但这酒只有三碗。”

“怎得，是你家酒没了，还是怕咱没银子结账？”

武松抖了抖哨棍，店小二听得后退一步，赔着小心地说：“客官有所不如，咱店的酒醇厚香浓，酒劲特大，一般之人一两碗即醉，故而我店定下规矩，最多可买三碗，以免客人醉后不适。”

“岂有此理，咱家饮酒一向十碗、八碗不醉，少说废话，只管拿来！”

店小二无奈，只得小心伺候，武松连饮八碗，大叫“好酒，好酒”，酒性一发，连饮十八大碗，吃下三斤牛肉，扔下二两银子，步伐踉跄，蹒跚而去……

上得景阳冈来，天色已晚，暮色四起，清风徐来。武松被风一吹，酒性上头，只觉得倦意阵阵；举目四望，见近处有卧牛巨石一块，平坦光滑。武松倒身便躺，即刻睡意蒙胧。忽听一阵狂风呼啸，风中带着腐臭。武松一惊，俯身而起，向四处打量张望。只见前方林中跃出一只班额吊睛大虎，直冲武松醉卧之处而来。武松大吃一惊，吓得肚中之酒变成冷汗，脑子倒也清醒许多。您再看！只见武松一个鲤鱼打挺，紧接一个旱地拔葱，呼的一声扬起哨棍，就向猛虎额头劈下，只听“咔嚓”一声，发生了何事？

欲知后事如何，且听下回分解。

(4)语音语速与语调

语音、语速、语调在演讲中起着关键作用，是演讲基本功训练中不可或缺的环节。语音规范、语调纯正能充分保证演讲者台上的发挥，演讲过程中要充分控制好语音、语调和语速。

语音有高低起伏、快慢缓急的变化，有低、中、高之分，语速有慢、中、快之分，语调有轻、中、重之分。在演讲中，运用好语音、语速、语调，可以帮助我们调节现场气氛。

我再给大家提供两份训练材料，请大家在阅读时既要读准声母和韵母，又要读准语调。

训练材料一：绕口令

· 高高山上一条藤，藤条头上挂钢铃。风吹藤动钢铃动，风停藤停钢铃停。

· 西关村种冬瓜，东关村种西瓜，西关村夸东关村的西瓜大，东关村夸西关村的冬瓜大，西关村教东关村的人种冬瓜，东关村教西关村的人种西瓜。冬瓜大，西瓜大，两个村的瓜果个个大。

· 毛毛和涛涛，跳高又赛跑。毛毛跳不过涛涛，涛涛跑不过毛毛。毛毛教涛涛练跑,涛涛教毛毛跳高。毛毛学会了跳高,涛涛学会了赛跑。

·四是四,十是十,要想说对四,舌头碰牙齿;要想说对十,舌头别伸直。要想说对四和十,多多练习十和四。

·灰化肥发灰,黑化肥发黑,黑化肥混灰化肥发灰,灰化肥混黑化肥发黑,黑化肥混灰化肥,灰化肥混黑化肥,黑化肥比灰化肥黑,灰化肥比黑化肥灰。

训练材料二:成功哲学

拿破仑·希尔

如果你想到失败,那你一定会失败!

如果你没有必胜的决心,那绝无可能有任何成就!

纵使你想要得到胜利,

但只要浮现一点点失败的字眼,胜利就绝不会向你展颜微笑!

如果你不全力以处,那你一定会失败!

我们从大自然宇宙中发现,

成功起源于人类的意志,一切皆由人类的精神状态而决定!

如果你想到落后,那你一定会落后!

如果你想得到更好的成就,

在胜利到来之前,就一定要拥有"我一定做得到"的信念。

人生的成果，并非强势、快速就能得到，

凡是所有最后获得成功的人都是坚信“我一定做得到”的人！

第七讲　演讲技巧十八招

从我个人多年的演讲生涯来看，对于演讲者而言，有了充足而精彩的内容、积极乐观的心态和精湛的演绎能力，尚不足以保证能呈现出一场优秀的演讲。很多人将在演讲过程中出现的一些问题归结为准备不充分。我并不完全这么认为，有些问题是演讲者在开讲前认真准备可以避免的，而更多的是演讲者的认知盲点所致，也就是说对于某些问题演讲者压根就不知道需要准备，谈何准备充分。

本讲中的"演讲技巧十八招"是我对演讲过程中容易被忽视的一些细节的总结，看似每个点都是细微之处，但若在某一个点上没有做好，对整场演讲的质量和效果却可以产生很大的影响。

演讲“八勿”

第一招:宁“短”勿长

宁“短”勿长,指的是演讲者在准备演讲时要合理编排内容,简明扼要、去繁就简;演讲时要注意时间的把控。

打个比方,假如一场演讲规定的时间是 40 分钟,演讲者宁可在 38 分钟的时候结束演讲也不要到 41 分钟结束,说白了就是“别拖堂”。尤其是初学者,看着那些在舞台上一讲就是滔滔不绝几个小时的演讲者难免心生羡慕,总希望哪天自己也有这样的演讲功力,不自觉的便会以“讲的时间长、内容多”作为讲得好的判断标准。

事实上讲的好坏和演讲时间的长短、内容多少是没有绝对关系的。反而那些一开讲便口吐莲花、滔滔不绝,全情投入以至于忘记控制时间的演讲者,纵使他们的演讲不论是内容还是形式都堪称一流,可收到观众的反馈却是效果平平,甚至投诉和意见不断。

要知道作为演讲者,你控制的时间不仅仅是自己的时间,更是在这个场里面每个人的时间。演讲者可以在台上不吃饭、不喝水忘我的演讲,但台下的观众要吃饭、要上洗手间,工作人员也要休息。一旦演讲者控制不住时间,就容易把工作人员和观众都搞得疲惫不堪,还谈何演讲效果和满意度?

第二招:宁“慢”勿快

宁“慢”勿快,指的是演讲者在演讲时对语速的控制。尤其是初学者上台演讲,由于紧张,说话的速度会加快,导致台下的观众听不清楚演讲的内容。

曾经我有一个学生,上台讲话速度非常快,一个字还没讲清楚下一个字就说出来了,准备好的主持稿,字句精练简洁、语言优美流畅,但只要从他的嘴里说出来就找不到一点美感,反而给人一种完成任务、讲完算数的感觉。作为演讲者,这一点是非常要不得的。演讲时的语速一般控制在“中速偏快”是较为合适的,说话口齿清晰、咬字发音准确、语言流畅,加上如果演讲者的演绎和内容到位,一场演讲一气呵成讲完,观众听这样的演讲一定大呼过瘾。

第三招:宁“过”勿复

宁“过”勿复,指的是演讲者在演讲过程中切勿补充或重复非重点内容。坦白来说,演讲者在台上演讲时临时遗漏或忘记原本编排中的内容是难免的。

发生这种情况,通常的处理方式是把这个点忽略,继续往下讲。有些演讲者讲着讲着又把刚才没讲的内容记起来了,于是再回过头来把之前漏讲的内容补上。如果所漏掉的内容不是很重要,我个人是不提倡这种处理方式的。首先,对于观众而言,他们对演讲者哪些内容漏掉没讲是没有概念的;其次,这样不仅破坏了整场演讲的流畅性,并且给观众有啰嗦、累赘之感,得不偿失。

第四招:宁"干"勿湿

宁"干"勿湿,对于这个点,我有两个层面的理解。一是指演讲的内容要多以"干货"为主,切忌以"空""虚""水"的内容敷衍观众;其次是对演讲风格的要求,以干脆、利落、一气呵成为佳,避免扭扭捏捏、拖泥带水。

第五招:宁"细"勿粗

宁"细"勿粗,是对演讲内容的要求,一定要细致、精准。主要体现在演讲过程中对案例、数据、年代、地点、细节等内容的表述上。这需要演讲者在背后做大量的调研、查证工作,以确保信息的准确无误。

比如我经常讲一些企业的数据,在讲之前一定会向该企业求证数据的精准性,有些数据可能无法做到百分百的准确,最起码做到对外口径是统一的。不要你在台上讲的是一种情况,观众一了解、查证,完全不是这回事,这样观众对演讲者的信任感会大打折扣。

第六招:宁"动"勿静

宁"动"勿静,是指演讲者在舞台上的肢体动作与站位要求。演讲本身就是一个相对活泼、轻松愉悦的场合,它和政府领导讲话、学校教授讲座不一样。

演讲者不时地在舞台上左右驻足走动,对整个场的把控和观众的注意力吸引是有利的。很多演讲者甚至还会走下舞台,进入观众的座位席间,和观众进行近距离的接触和交流。我个人非常喜欢这种演讲站位方式,这不仅体现出演讲者的自信与亲和，更重要的是拉近了演讲者与观众之间的关系，有利于提高演讲的满意度。

第七招：宁“软”勿硬

宁“软”勿硬，是指演讲者在演讲现场处理一些学员异议时的一种技巧。有时候在演讲过程中出现观众对演讲者表述的观点不认同、有异议，甚至针锋相对提出意见。这个时候演讲者切忌态度强硬，与观众逞口舌之勇，僵持不下。一旦演讲者的气场控不住这个场，那就面临着砸场的风险。况且与学员发生争执，于演讲者而言本就已失了身份。因此，建议演讲者不论是演讲还是处理观众的异议，都把自己放低一点，放低自己抬高他人不仅是一种格局，更是一种智慧。建议大家都以谦虚、平等、交换的口吻和态度进行交流，以显演讲者的气度和胸怀。

第八招：宁“滥”勿缺

宁“滥”勿缺，指的是对初学者练习演讲的要求。演讲能力的提升需要一个勤学苦练的过程。即使当下自己的演讲水平很烂，只要一有机会就一定要上台演讲，不断练习，量变才能产生质变。我个人的成长也是如此，到目前为止我已有超过 1300 场的演讲经历。很显然，我刚开始讲的时候肯定也很差，但通过自己的刻苦努力，每天练习，日积月累，自然而然后面就慢慢越讲越好了。

所以，宁“滥”勿缺，哪怕讲得很烂，也不能缺失和错过练习的机会。

演讲“五不”

第九招:不坐

“不坐”说的并非是一定不能坐,而是对于绝大多数演讲者而言不建议坐着讲。从演讲效果上而言,坐着讲没有动态感,观众的注意力容易分散,如果再加上演讲的内容又不甚精彩的话,甚至有催眠观众的可能。

从控场和服务心态而言,站着讲,不仅居高临下对台下情况了如指掌方便演讲者控场,又能体现出演讲者的一种服务心态。坐着讲,则更多的是体现出整个场对演讲者的一份敬重,对演讲者本身的气场要求是非常高的,若是承受不住这份敬重,即使坐着也是如坐针毡。所以我们可以看到,大凡坐着演讲的不是大学的教授就是政府领导,或是德高望重的大师,如南怀瑾、季羡林等。

第十招:不定

“不定”是指演讲者在演讲过程中眼神不要定在一个位置或某个人身上。这也是考验演讲者控场能力的其中一个要素。有的演讲者,尤其是初学者在演讲时会喜欢把眼神定在听得认真的观众身上。从初学者的心态上而言,这种现象可以理解,因为演讲者在那些认真听讲的观众身上获得了认同,从他们的表现上让演讲者有成就感,自然会不自觉地把目光锁定在这些观众身上。但从整场演讲的效果上来讲,这样做是极其不对的,因为忽略了大部分观众的感受,很可能会出现观众因不被关注而大批量离场的风险。

第十一招:不呆

“不呆”是对演讲者面部表情的要求。对演讲者而言,上台演讲面部表情一定要轻松自然、真诚微笑,眼神自信并亲切。切忌面无表情,甚至眼神呆滞、死板。

我个人对于“不呆”的理解是:演讲者一旦走上了舞台就没有失落、悲伤、愤怒、恐惧的权利。说得直白、难听一点,哪怕今天有家人过世了,除非你不上台,否则在台上该笑还得笑、该闹就得闹。

第十二招:不怪

“不怪”指的是在演讲过程中不论出现何种状况,演讲者切记不可责怪观众。这一条我把它作为我以及我的学生在演讲中的铁律。即使遇到不配合,甚至是捣乱的观众也要先从自身找原因,时刻铭记“我是一切问题的根源”,以“宁软勿硬”的原则去解决这些问题。

有些人对这一点很不理解,包括不少我的学生也是如此。他们认为对于那些故意捣蛋的观众不加以责怪,似乎就显得自己没有底气、软弱无能。针对这一点,我想温家宝先生早已给我们树了榜样。2009 年 2 月 2 日,温家宝总理在英国剑桥大学演讲时,遭到一名 27 岁的西方人士恶意滋扰。现场温总理从容应对,对此事件也仅以“这种卑鄙的伎俩,阻挡不了中英两国人民的友谊”一句话加以回应，事后更是不愿意看到剑桥大学开除捣乱学生以及对其进行审判。这些无不展现出一位大国领导人的气度与风范。

大到一国总理如此，对我们演讲者而言，又何尝不是呢！

第十三招：不傻

这里指的不傻并非是说演讲者要充满睿智，更多的是要求演讲者在现场要善于关注细节，发现问题并即时做出调整与补救，切忌后知后觉，甚至不知不觉。

我在上海担任全国青年演讲大赛评委时遇到过这样一位演讲者。他姓付，演讲按照我的标准来说已经达到了发梢，非常的投入。他一上台就开始激情四射地讲，真是讲到“口吐白沫”，内容也非常的好。唯独有一点是他进入状态时就一直闭着眼睛。后来我开玩笑和他说：“付老师啊，你的演讲内容非常精彩，你也非常投入，但是如果台下的观众都走完了，有可能你还没有发现。”这是这位付老师当年比赛最大的失分点，当然其中可能也有紧张的原因。

这种情况可能只是特例，但是在演讲中出了问题却后知后觉，甚至不知不觉的人却大有人在。尤其是初学者，在这点上要特别注意。

演讲“五场”

第十四招:上台扫视 眼神控场

很多演讲者,尤其是初学者,一上舞台就开始讲,即使这个时候台下观众的焦点可能都还不在舞台上,甚至是嘈杂不堪。这样的开场不仅会给演讲者带来一些情绪上的波动,同时观众也会对演讲者产生急躁、不够稳重之感。

遇到这种情况,首先保持淡定,不要急,要学会用眼神控场。上台之后,走到舞台中间靠前的位置站定,先别急着说话,用亲切、真诚的眼神环视全场一周,用眼神与观众交流和互动,最后把目光停留在整场靠近舞台三分之一处的中间。这个过程控制在十秒钟左右,等全场安静下来约两秒钟之后再开始讲。这个过程表面上看是演讲者在等观众,实际上是演讲者在给观众传递一个信息——别说话了,接下来要听我讲了。

在这个过程中如果演讲者没有丰富的经验,眼神就要多接触熟悉的观众,得到熟人的赞许和鼓励,演讲者就越来越有信心。或者事先找个“托”,坐在下面带动和配合也是个不错的方法。有经验的话,就要关注到每个观众,让观众觉得你在重视他。

第十五招:自我介绍 互动暖场

万事开头难,任何事情有一个好的开始,就成功了一半,演讲也不例外。但想用短短几句话就打动观众确实不是一件容易的事情,有经验的演讲者在长期实践中得出一个结论:如果能在开始的十分钟内吸引住观众,后面的演讲会变得容易很多。

在这点上,我想从“自我介绍”上给大家一些参考和建议。

自我介绍,看上去很简单的一件事,但其中却蕴藏着不少诀窍。每个人都会有需要自我介绍的时候,它会给对方留下你的第一印象,并且影响对方对你的接受程度。一个好的自我介绍会让观众记忆犹新,觉得你很有个性、很有特点。

自我介绍的时间不宜过长,我把它总结为“一三五原则”。即在一般情况下做自我介绍不宜超过一分钟,尽可能用精练的语言把个人信息传递给别人。

如果演讲、开会或是培训,时间在半天以内的,那么自我介绍时间则控制在三分钟以内比较合适。如果时间在一天以上,那么自我介绍时间控制在五分钟左右为宜。因此,每个人都应该要为自己准备三个模板的自我介绍。

通常,我会以如下的方式展开自我介绍。

主排人:“用我们最热烈的掌声,有请陈老师闪亮登场!”

我上台之后会先向观众鞠躬致意,然后下舞台边鼓掌边围绕会场走一圈,调动现场的氛围,其次也是在提醒观众,接下来要听我讲了,然后再回到舞台上开始讲。

我:“各位学员,大家好!……”

这中间穿插一些暖场、拉近与观众距离的环节,时间大约控制在两分钟。

我:“我先自我介绍一下,我来自江西省非常有名的一座城市,是革命的摇篮,大家猜一猜是哪里?”

观众答:“井冈山!”

我:“对!我叫陈义生,大家有没有发现我的名字听起来像某种职业,像那种职业啊?”

观众答:“医生!”

我:“医生有两种,一种是医治身体的,一种是医治心理、心灵的。某种情况下,一个人健康的心理、充满爱和智慧的心灵比一个健康的身体更重要,是不是?同意老师这个观点的请举手。”

我:“你们太棒了!我所从事的就是医治心理和心灵的职业。那大家猜一下我大概有多少岁?”

观众:“32岁、35岁、38岁、48岁……”

我:“刚才有人猜我有48岁,我一点也不生气。因为之前还有人猜过我58岁的,看来今天我表现的状态还非常好。”

我:“其实,我年龄没有那么大,只是天生属比较出老的那种。在上高二的时候,那时我十七八岁,有一次,我妈妈给我送东西过来,我到学校门口去接我妈妈，有很多家长也在那送东西或者接送孩子。其中有一个家长过来跟我聊天说：‘你也来接孩子啊！’你说我要不要跟他计较？不要跟他计较，我说：‘是的。’结果那个家长就问我说：‘你的孩子上高几啊？’因为当时我上高二，也不想跟他计较，就说：‘我的孩子上高二！’可是，他还不依不饶地说：‘那你结婚还蛮晚的嘛。’”

我：“其实我没有那么大，我的真实年龄跟大家报告一下，××岁！”

我：“猜对的先站起来，老师送你一个小礼物。”

……

以上就是我作自我介绍的情况，我们可以从中总结出几点：

第一点，清楚地介绍自己的姓和名，这是最主要的。

我采用的方式是把名字和医生这种职业联系起来，让大家好记。并且，可以从医生引导观众联想培训师是医治心理和心灵的职业。

姓名是最重要的信息，让别人迅速记住你的名字，尤为关键。要认真研究你自己的个人信息，总结一个足以展现个人魅力的个人介绍。

每一个人都有适合自己的、专业的名字介绍，可以把自己的名字与有特殊内涵语句、故事、时下流行语结合起来。

介绍名字要讲得很慢、很清晰、很深刻，有时候甚至可以通过名字介绍祝福别人。

第二点，介绍你来自哪里。

我的介绍比较简单，井冈山是大家所熟悉的，自然容易记住。介绍自己来自哪里，有助于快速找到伙伴，建立一些最初的个人关系。

第三点，介绍你自己易给别人留下深刻印象的最大特点。

我在这里把年龄作为重点进行介绍，以讲故事的方式引人入胜，也活跃了现场气氛。

总体而言，一份好的自我介绍要遵循以下几个原则：降低抬高、容易记住、广告效应、幽默风趣、使人喜欢。

当然，一个美好的笑容是非常必要的，可以增添介绍的效果。不管怎么样，自我介绍中，保持饱满的精神状态，声音洪亮，富有感召力，都会更容易让别人对你印象深刻。

除此之外，在自我介绍中还可以尽可能地把个人的优点展示给大家。虽说谦虚使人进步，骄傲使人落后，但适当地把自己的优势或长处展现出来是有必要的。当你站在讲台上介绍自己优点时，你就等于在推销自己。你的优点或许就是别人所欠缺的，你说出来了，就有可能对别人有启发、有帮助，介绍自己的优点就等于在帮助别人。

第十六招：直入主题 凤头开场

写文章讲究凤头、猪肚、豹尾，演讲亦是如此。要做到这一点，需要演讲者对自己的演讲目的非常明确，这场演讲要表达什么内容、达到什么效果了然于胸。很多演讲者很能讲，夸夸其谈半天没讲到主题，观众听得一头雾水，搞不懂演讲者要表达的主旨。这是很要不得的,演讲者绝对不是只会讲就可以了的。会讲、能讲的人多如牛毛,关键是要讲到点子上去。

就比如我的营销课,主持人会说“接下来有请我们……帅气……的陈义生老师闪亮登场!”中间会设计一个“帅气”来包装和夸赞我。而我上台之后就会借助这个点直接切入我的演讲或者课程主题。我一般会这样切入:

我:“刚才主持人有说老师帅气,见到真人之后有没有很失望啊,帅不帅?”

观众答:“帅!”

我:“其实你们一点都不会夸老师,我不是用帅来形容的。帅的是××,我是用耐看来形容的,保证你这几天看下来,看不腻并且越看越喜欢!”

我:“这就是差异化营销;我比帅比不过人家,就比耐看嘛!那我们的产品是否也可以这样呢,比价钱比不过人家,我就比质量嘛;比款式比不过人家,就比服务嘛……”

所以演讲者在演讲内容的设计上一定要把切入主题的点找好,开讲之后不要有太多废话,给人拖泥带水之感。

第十七招:案例故事 细节震场

在演讲中为了体现内容和观点的真实性和生动性,脑海中的大量故事、案例、数据会被调用。在前文第五招“宁细勿粗”讲的就是对案例数据的要求，越具体，越真实，就越有说服力。对于演讲者而言，在演讲过程中案例和故事这些素材本身在可信任层面上是有先后顺序的。

我把它总结为：讲故事不如讲历史，讲历史不如讲案例，讲案例不如讲经历，讲经历不如做演示，做演示不如观众（或客户）自己体验。

讲故事不如讲历史，因为故事可以虚构，而历史是真实发生过的，在真实性上比故事可靠；讲历史不如讲案例，因为历史是发生在过去的，而案例则发生在近期，在保证了真实性的同时，时效性上比历史更胜一筹；讲案例不如讲经历，因为案例可以是别人的，而经历一定是自己的，在演讲的生动性上演绎起来会比讲案例更得心应手；讲经历不如做演示，因为不论怎么讲，都只是语言上的传授，不如实际操作一遍给观众看来得直观；做演示不如观众自己体验，毫无疑问，我再怎么演示也是我在操作，肯定比不上观众自己亲身操作一下来得有感觉。

所以，在演讲过程中任何案例、数据能讲细的一定要讲细、讲到位，能让观众参与的环节一定要互动起来。只有这样观众才会被这场演讲的严谨与生动所震撼。

第十八招：意犹未尽 豹尾收场

此处讲的“豹尾收场”指的是演讲者收尾要做到两点：一是要给观众留下一些悬念，创造还想继续听的这种感觉；二是收尾一定要干净利落。我经常和学生讲“好东西要留着点下次用，别一下子就用完了”。这其实也是一种保持演讲内容有一定新鲜度的技巧。

下面是几种常见的收尾方式：

(1)戛然而止，飘然而去

这种方式适用于上千人的超大场的演讲。运用这种方式作为演讲收尾的往往也都是某一个领域中的大师，拥有超强的气场才能控得住。一般就是如："好了，上午的内容就讲到这里，我们下午再见！"讲完这句话就直接飘然而去，台下离舞台远的观众可能还没有反应过来，演讲者就已经不见了。

(2)以概括重点、提问结束

这种方式对于演讲重点的梳理与强化记忆极为有效。因此，对一些职业技能类的培训以此法收尾会更合适。以这种形式来收尾，一般情况下是整场演讲还没有结束，属于中场休息或暂时停训。比如：今天的课程到此就结束了，我们一起来回顾一下今天课程的主要内容……；课后请同学们思考……

(3)以故事、游戏、唱歌结束

这种方式收尾比较轻松，对于故事、游戏、歌曲的要求是不能太复杂。故事要求脉络清晰，内容简洁，主题鲜明；游戏要求规则清晰，操作方便；歌曲要求耳熟能详。同时，三者均要以启发、激励性质为主，娱乐、放松为辅。

(4)以填写评估表、表彰会，感谢、祝福结束

这种方式收尾是一些培训性质的课程较为常见的。一场课程结束之后都会发一份课程评估表要求学员对授课老师以及课程内容进行评估，此外在学习过程中会以小组为单位进行 PK，

评选出获奖小组上台领奖，再加上主办方对学员的一些感谢与祝福的话语。很多培训公司的课程收尾基本都是以这种形式进行的。

以上这些是我个人多年来的经验之谈。除此之外，我个人认为演讲者一定要重点关注自己在“精”“气”“神”“文”这四个方面的修炼与运用。

精，指的是精神面貌，也可以说是状态，它能感染观众。所以要求演讲者事先要休息好，要有饱满的热情和足够的体力。

气，指的是气质，气质能够吸引观众。它是一种内在的东西，我也很难把它量化、具体地表达出来，但建议演讲者要多读书，增加知识、文化底蕴，气质自然而然地会散发出来，有句话叫“腹有诗书气自华”。

神，指的是神韵，韵味，神韵能吸引观众很快进入演讲内容中去，以产生共鸣。初学者平常可以多对着镜子做一些演讲的练习。

文，指的是文采，也就是演讲者讲的内容。虽然在演讲过程中，观众关注的焦点更多地在视觉和听觉上，但真正使观众受益的还是演讲内容本身。所以，演讲的内容是每一位演讲者永远要去提升的部分。就如同我说的“我最好的一场演讲永远是下一场”一样。

第三篇

演讲实战精解

第八讲　实战演练之一：会销演讲

会销，顾名思义就是会议营销，用我的话来说就是批发式销售。而演讲则是实现会销目的过程中极为重要的途径和手段。要做好一场会销，产品、客户、成交设计这三个部分缺一不可，有效的客户是基础，优质的产品是命脉，成交设计是核心，而所有的要点内容都通过演讲的方式串联起来，演讲者演讲功力的高低直接决定会销成果的好坏。我把它总结为会销的“三点一线”。

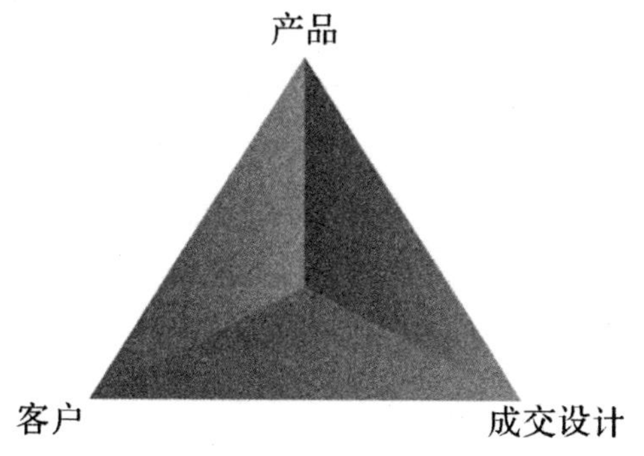

会销的“三点”

在会销演讲过程中如何挖掘客户需求？如何塑造产品价值？如何设计成交环节以及如何最后逼单？这四大问题是每一位演讲者在会销过程中着重要解决的核心问题，若能解决这四大核心问题，会销的成果自然不会差。

深挖痛　塑造梦

何为需求？我的理解是：只要是个人就有需求；只要是个人，就有未被满足的需求。从销售的角度而言，满足客户的普通需求是相对比较简单的事情，就如同我们生活中买米、买菜一样。真正的高手一定善于挖掘客户的隐性需求，甚至创造客户的需求。有一个非常经典的销售故事——《把木梳卖给和尚》，我们来读一下。

把木梳卖给和尚

话说一家木梳销售公司要高薪招聘一名销售总监，老板给出了这样一个应聘题目——把木梳卖给和尚，谁卖得最多，就录用谁。

一天，来了四名应聘者挑战这项被视为不可能完成的任务。

第一个应聘者来到一座寺庙，看到一个个光头和尚，想着和尚没有头发，压根就不需要梳子，所以掉头就走了，一把都没卖掉。

第二个应聘者也来到一座寺庙，卖掉了十多把。他介绍经验说："我告诉和尚，头皮要经常梳梳，不仅止痒，还可以活络血脉，有益健康。念经累了，梳梳头，能让头脑清醒。这样就卖掉一部分梳子。"

第三个应聘者回来，卖掉了一百把。他说："我到庙里去，跟老和尚讲，你看这些香客多虔诚呀，在那里烧香磕头，磕了几个头起来头发就乱了，香灰也落在他们头上。你在每个庙堂的前面放一些梳子，他们磕完头、烧完香可以梳梳头，会感到这个庙关心香客，下次还会再来。这一来就卖掉了百十把。"

第四位应聘者回来了，他卖掉了好几千把，而且还有订货单。他说："我到庙里跟老和尚说，庙里经常接受客人的捐赠，得有回报给人家，买梳子送给他们是最便宜的。你在梳子上写上寺庙的名字，再写上三个字'积善梳'，可以保佑对方，我们可以把它作为礼品储备，谁来了就送，保证庙里香火更旺。这一下就销掉了好几千把梳子。"

同样是卖梳子，会挖掘客户需求的就卖得多，而不懂得挖掘客户需求的就一把都卖不掉。当然，客户需求也是分层次的，比如第二位应聘者说的头皮会痒，这也是客户的一个需求，只不过满足这个需求对客户而言价值不大。所以在挖掘客户需求时一定要记住六个字:“深挖痛,塑造梦”。

深挖痛,就是要抓住客户最关注和在意的需求,在营销上我们把它称之为客户的痛点;塑造梦,就是要让客户十分清楚我们所提供的产品和服务能够满足他的需求,也就是能给客户“止痛”。如果能做到这一点,我可以肯定,没有销售不出去的产品。就如同去医院看病,不论是小病配药还是大病手术,只要医生开单子,病人以及家属从来不还价,而且付款异常及时。“深挖痛,塑造梦”的原理就是抓住了客户的这种“趋利避害”的心理。

那么如何“深挖痛 塑造梦”呢? 首先,这个环节是有先后顺序的,一定是先挖客户痛点,再塑造梦,给解药。在不了解客户真实需求,挖到客户痛点之前,一切梦想和价值塑造只会让客户觉得你在吹牛。在深挖痛这点上我暂且给大家一些方向性的建议,因为不同客户有不同的需求,自然痛点也是不同的。

第一,明确客户意向产品背后的真正需求点,并紧紧抓住。

这里要纠正很多人的一个概念或者认识误区。比如一个人去买空调,很多人会把空调作为客户的需求,认为客户需要的是一台空调,用我的话来说,这种销售人员是最低级的销售人员,甚至压根就称不上销售。更多的人则是会把空调的主要功能——制冷、制热,作为客户的需求。这是最基础的,摆在明面上的表层需求,若是销售人员只是抓住了这个点,那么基本上这场销售就会马上进入与客户的价格之战,因为只要是空调都能满足客户的这个需求,而且市场上空调的种类五花八门,廉价的空调也到处都是。真正的销售高手,一定能洞悉和挖掘客户的真正需求。事实上，客户买空调，除了制冷、制热外，对空调质量有没有要求？对用电安全、省电、静音、清新空气、智能识别这些有没有需求？答案不言而喻，都有。

第二，告诉客户，不买我的产品，他会有什么损失和痛苦，尽可能地把损失和痛苦放大并且和身体健康、家庭、财富相关联。

比如一位卖床垫的销售高手这样和顾客说：

> 您不知道现在有多少人正在经受着晚上失眠的煎熬。其实从科学睡眠的角度讲有时候睡着了并不代表睡好了。人的一生有三分之一的时间是在睡眠中度过的，有句老话说得好，一世人生半世床。睡眠对健康是很关键的，只有三分之一的时间睡好了，我们三分之二的工作和生活才会更加精彩。
>
> 其实睡眠不仅是大脑需要休息，更是脊柱需要放松。我们人体有26节脊椎，其中24节是和我们中枢神经相连的。所以如果我们的脊柱没有得到很好的休息，会直接影响到我们身体其他部位的健康。
>
> 不知道您有没有听说过桑兰，她是我们国家前女子体操队的运动员，1998年参加第4届友好运动会，在赛前跳马热身运动时摔倒，颈椎受挫导致胸部以下高位截瘫，花费上千万美元治疗，依然未治愈。现代医学这么发达，您有听说过换心脏的、换肾的，但有听说过换脊椎的吗？可见脊椎对人体的重要性，就如同房

子的大梁，一定要保护好。

一款好的床垫能很好地承托身体各个部位，让人体的脊椎处于自然放松状态，促进深度睡眠。有句话说得好，要想睡好觉，先得选对床。

去现场听过我课的应该都知道，我在课堂上也是要卖东西的，我卖的《99赢利系统》是博天国际的核心产品。来听这个课的基本上都是家具行业的经销商老板。针对他们的痛点，我一般会从这几个点上去突破：

第一，为什么老板每个月累得跟牛一样，但业绩仍旧平平无奇，甚至面临亏损、破产？——学习《99赢利系统》能提升销售业绩。

第二，为什么老板好吃好喝、好言好语地对待团队的每一位员工，但团队仍然懒散无力，并且矛盾不断、流动频繁？——学习《99赢利系统》能打造狼性团队，稳定团队成员。

第三，为什么财富越来越多了，人却越来越忙、越来越累，连陪家人的时间都没有，家庭幸福感严重下降、不和谐？——学习《99赢利系统》能解放老板，实现轻松经营。

把客户的痛点挖到了，后面给解药是自然而然的事情。痛点挖到位了，客户求着你给解药甚至都有可能，这就达到了“深挖痛，塑造梦”的最高境界了。

我有一位学生叫杜玉明，是江苏省床垫材料行业协会秘书长，在苏州椰为媒纤维制品科技有限公司负责营销。在我的营销课上，玉明就学会了这一招，并把它落地，给他的业绩带来了前所未有的变化。

2015 年初，一次偶然的机会，杜玉明先生收到温州苍南家具协会秘书长李芳鹏先生的邀请，到温州去听一堂课。而这堂课正是我与博天国际董事长周立波老师联袂主讲的，没想到，课程内容对玉明启发很大，颠覆了他传统的营销思维，从而进入我们博天的《99 赢利系统》课程，追随我及其他老师学习，后面我对他有过几次单独辅导。玉明学习能力超强，能创新运用所学知识，2015 年营业额从 2014 年的 7000 万到突破 1.5 亿，整整翻了 1 倍，2016 年突破了 2.1 亿，2017 年他的目标是 3 个亿！

玉明也一直在跟我学演讲，是我教过的学生中最能吃苦的。比如之前握话筒的姿势不正确，我经常用教鞭狠抽打他的手掌，这也是我一贯训练学员的手法，希望疼痛能改变他们的不良习惯，但他从无怨言，反而更加刻苦训练。

如今，玉明的演讲、谈判能力飞跃提升。特别是自我介绍，很是精彩，从做小工、驾驶员及有一年只赚到 500 元钱回家过年，与母亲抱头痛哭的场景，到后来立志要改变自己及家庭命运并付诸行动，到今天取得的成就。这种自我介绍能打动观众又算是励志故事，所以，我提过的“讲案例，不如讲经历”。大家演讲时，一定要在自我介绍上下功夫，让听众在第一时间喜欢你，就会用心听你的演讲。

2017 年 7 月份，玉明来杭学习，我和他在 EMC 公司的合影

赞美是“爱的营销”的秘密武器

“爱的使者”的初级阶段，是看着顾客的优点不断赞美。

“爱的使者”的中级阶段，是能引导顾客与自己互相赞美。

“爱的使者”的最高境界，是自己赞美自己而不被发现。

世界上赞美做得最好的是日本人。20 世纪中叶日本从战争的废墟堆里站起来，时至今天，日本已是经济大国。日本人的解释是：他们具有不断发现别人长处的优点，就是不停地对外人鞠躬，不停地说好话。从某种意义上说，是赞美让日本成为经济大国的一个重要原因。

日本国民将“赞美”这种武器广泛运用于各种领域，如日本的推销之神原一平，他在阐述他的推销秘诀时说：推销的秘诀在于研究人性，研究人性的关键在于了解人的需求，对赞美的渴望是每个人最持久、最深层的需求。而要慷慨地赞美别人的优点和成绩，就必须坦然接受别人的优点和长处。

美国第 40 任总统里根在 78 岁生日时对记者说：“在我 14 岁的时候，我的母亲对我说，千万别忘了发现别人的长处，多说别人的好话。从此以后，我牢记这句话，甚至在梦里也不忘赞美别人。可以说是我的母亲塑造了我的一生。”里根总统的话再次证明了这一点：学会赞美他人是你成功的阶梯。里根出生于美国的平民家庭，先后从事过多种职业，60 年代中期开始弃商从政，1980 年当选为美国总统，被认为是美国历史上最杰出的总统之一。

“爱的使者”销售策略成功与否，人际关系是关键，赞美是良好人际关系产生的前提，赞美会让你赢得更多的朋友，赞美会使我们在事业的道路上更加畅通，赞美我们的顾客比赞美我们的产品更重要，恰当得体的赞美是谈话愉快的“润滑剂”。与顾客成功的交谈，关键在于双方感到愉快。因为让我们的顾客高兴，我们就成功了一半。

赞美是一种高效的感情投资，当然也不是万能的。如果我们有非常优秀的“爱的使者”、有好的产品，没有好的形象包装，等于把耐克摆放在地摊上，顾客认为你是假货。反之，如果我们是优秀的“爱的使者”，有了好的形象与包装，有好的促销方法，有好的销售渠道，但是价格非常高，而产品很一般，等于“英雄卖狗屎”。同样，如果我们的产品、渠道、价格、促销和品牌都非常好，而不能成为“爱的使者”，那么一切都是事倍功半。

现代推销强调从一开始，就应建立客户对推销人员及所推销产品形象包装和质量的信任。在信任与兴趣的基础上，通过聆听及询问对客户担忧与疑虑进行重点介绍与示范。再询问客户是否有不理解的地方，再进行反复解释，直至客户表示明白并形成整体良好印象为止。

赞美的首要条件，是要有一份诚挚的心意和认真的态度。赞美要符合实际情况，要善于称赞别人没有注意到的部分，因为经常称赞的事让人感到厌烦。总之，要使自己的赞美经受得住时间的考验，而且要赞美得具体、贴切、与众不同。因为赞美一个人的行为和贡献比赞美他本人好，这样你的赞美才会有品位、上档次。因此赞美时，千万不要讲出与事实相差十万八千里的话。

赞美对于家人、同事、朋友同样重要。赞美是维护感情的基础之一，赞美一个人的工作，会促使他工作时更加卖力；赞美一个人的行为，他的行为则会因此大有改善。真诚的赞美才能符合时代的要求，同时它也是衡量"爱的使者"素质的一个标准，也是衡量一个人的交际水平，更是对别人优点与长处的肯定。

举个例子，顾客到专卖店的目的只是买家具吗？是也，非也！

事实上，他们进店的时候，是其家有喜事——准备新婚居所，或乔迁新居，或改善家居环境！他们对未来的生活充满期望和憧憬，想对未来的家进行整体装扮，来到家居卖场想找到一个专业家居顾问咨询一下，如何布置未来的家、漂亮的房子。他们绝大部分不是"家具专家"，但钱在他们那里，他们就是精英消费者。

绝大多数顾客（除非是设计师）对家具制造无从谈起，对家居布局较为盲目和没有主意，所以先行浏览和比较，走到任何一家店，只能说"随便看看"。因此，导购员如果只关心卖家具，不懂得关心其生活和家庭成员，拼命推销产品好、质量好，真正想要价格可以便宜点，客人一听风马牛不相及，只能说先比较一下。而恰好在这时，导购员却回答："欢迎下次光临。"这明摆着就是赶客出门了！

因此，我们首先要识别其人，关心其生活与家人，打破谈判的坚冰，沟通交流了解其此行的真正目的，掌握其装修风格及生活习惯，获取其过去购买家具的经历与抱怨，并将天花、地板、窗帘、隔断、饰品、灯、画、家具等快速联系起来进行分析，与客人进行充分交流，一起思考家居计划，并提供专业意见，让我们自己的产品成为顾客整个家居融为一体的重要组成部分，让其拥有一个真正完美的家。

从上面的论述我们可以明白，顾客关心的是“家”而不是单一的家具，顾客更需要家具带来的生活感受与憧憬。所以，“爱的使者”与顾客情感的协同效应与共同分享，才是促成顾客决定买或不买的重要因素。

为此，“爱的使者”要对卖场顾客进行分类，针对不同的顾客用不同的方法进行交流。一个人比较容易信任和自己比较像的人，如果我们要同他交朋友或获得订单，我们与他不像就模仿他。他就会好像遇到知己一样，他说喜欢什么，他喜欢做什么动作，我们都能马上和其产生共鸣。这样会让他觉得很亲切，一见如故，自然成为朋友。

同时，一定要搞清楚他们的“价值观”，才能向他们详细介绍产品。

成功型的人，他们要独一无二的、与众不同的、专门为他定制的、别人买不起的。

家庭型的人，以家人为中心，我们要不断强调家庭的要素，用这个产品会让家更幸福，为家人他会购买。

生存型的人，他们喜欢买便宜货，现在做活动优惠，过两天就没有机会了，他认为有便宜，自然会购买。

偶像型的人，大多是年轻人，很偶像派，利用偶像效应，可以让他们冲动购买。

智慧型的人，像国家干部、高级知识分子，他们很有主见，不希望别人给他做决定，我们只能去赞美他、认同他、抬高他，他才可能购买。

在销售活动中，只要我们充分了解到顾客的家庭、事业、爱好、价值观等信息，充分利用肢体和语言将我们对产品的信心传递给顾客，把我们良好的情绪转移给顾客，让顾客的情绪被我们感染，让顾客对我们充满信心产生购买行为。

常见的赞美用词

1. 自我赞美

◆妹子只不过略有几分姿色，又怎称得上沉鱼落雁！

◆和你站在一起，让我也觉得脸上增添几分光彩！

◆我是最棒的！

◆我要做一个优秀的店长！我要做一个出色的经理！

2. 顾客赞美及通用赞美

对男士：

●先生，您真有眼光，您看到的是刚刚推出的最新款式家具……

◆您说话真幽默！

◆您的事业相当成功！

◆您做得真好！

对女士：

◆您气质真好……

◆您身材真好，我在商场干这么长时间，有您这样身材的不多……

◆您的声音很甜，真好听……

◆您的衣服搭配真好看……

对小孩：

◆您的东西真好吃！

◆您的孩子太可爱了！

◆孩子真帅！（很像他爸！）

对其他职业对象：

◆职业女性：气质高雅、做事干练……

◆家庭妇女：温柔贤惠、贤妻良母……

◆小企业主：精明能干…

◆小职员：聪明能干、潜力巨大

◆新婚夫妇：天生一对、地造一双、郎才女貌……

有时候，你还要试着夸奖对方并不拥有的美德。莎士比亚曾经说过："要夸奖他事实上并不拥有的美德。"要想矫正一个人的缺点，不妨反过来先赞美对方的其他优点，这样他才会乐于迎合你的期望，并主动去矫正自己的缺点。

塑造价值　获取信任

我经常讲："在销售过程中，没有塑造价值之前不要报价，没有取得信赖之前不谈成交。"这是每一位做销售的人都需要遵循的原则。在我看来，销售的过程就是在干这两件事情——塑造价值，获取信任。

塑造产品价值无定法，有太多种方式了。我经常用的，个人觉得也比较有效果的主要有讲故事、列数据、明材质、表工艺、说文化、谈元素，比如我经常在课堂上讲的"西服理论"。

"西服理论"是我根据自己的亲身经历，通过适当的修饰加工而来的。在课堂上通过"西服理论"，学员可以真切地感受到塑造产品价值对于一款产品售价高低的天壤之别，同时在此过程中也能找到如何塑造产品价值的方向和方法。

西服理论

我：那你们猜一下老师身上穿的这件西服大概多少钱？猜准了，老师送你一个惊喜。

学员：什么牌子的？什么料子的？

我：什么牌子我先不说，至于什么料子，你们可以派几个代表来摸一下。

……

学员：3000、5000、2500、2800、1500、800……500……

我：好了，不要猜了，刚才有人猜500的，我差点拿麦克风砸你！在你心目中老师的档次就只能穿500的西服吗？大家最高的有猜5000的，最低的猜500，大概平均一下在3000左右。刚刚是谁问我什么牌子的，过来，老师给你看一下。

学员：陈义生牌，哦，是定制的。

我：对，是定制的。其实老师上课穿的所有西服都是在同一家西服定制会所定制的。这家会所在杭州大厦，杭州大厦是目前全国最高端的购物商场之一，全世界有10款限量版的江诗丹顿手表，一定会放一块在杭州大厦卖，有3件顶级的貂绒大衣，也一定会放一件到杭州大厦卖。这家西服定制会所是我还在顾家工作的时候，顾家的老板顾江生先生推荐给我的。当时正打算置办几身西服，正好和顾总聊到这个事，顾总就给了我一张名片说，陈老师，这家西服定制会所不错，我的很多西服都是在这家会所定制的，你可以去看看。

后来，我就挑了个时间去了。会所的面积不大，大概也就几十个平方，分为内外两间，外间是西服展示与客户等候区；内间是一个小间，用来量体的。我刚一进门就有一位美女服务员来接待我，了解我的需求，服务质量肯定是没的说了。她给我介绍说他们会所的设计师是意大利米兰顶级的西服设计师，每年只来杭州大厦三次。我一听每年只来三次就问她说："我什么时候可以做西服。"

她说："先生，您先别急，好东西都需要时间精雕细琢的，正好这段时间我们的设计师在，是他今年第二次来杭州，您如果再晚来几天可能还真的要错过了呢。您稍等一下，我先给您安排量体。"

过了一会，服务员告诉我说："先生，接下来是您的量体时间，总共30分钟。"

我进了量体间，果然看到一位满头银色卷发、高瘦、带着金色圆形镜框眼镜、身着白色真丝礼服衬衫外加一件深灰色条纹马甲，脚上穿了一双法式白色尖头皮鞋，非常精神的老先生，边上还站着一位美女翻译。他从7岁开始就跟着他的爷爷和父亲学做西服，现在已经70多岁了。他的爷爷曾经是专为英国王室设计西服的。

我进去之后他就开始给我量体，每一个地方都量得非常仔细。设计师还问我做的是什么职业、平时的生活和饮食习惯，因为要根据我的职业为我定制西服的材质，根据生活习惯预留改版空间。我说我生活还蛮规律的，不抽烟也不喝酒，我的职业是一名培训师，经常在舞台上演讲。30分钟下来，设计师在一张A4纸上整整记了一页有关我的信息。最后设计师告诉我西服的用料是75%的毛料、20%的真丝、5%的纳米材料组合。用毛料是因为毛料比较透气，真丝是因为在舞台上灯光一打会更加亮，纳米材料是考虑到我经常出差，衣服折叠之后不容易褶皱。

量完之后，服务员就让我刷了全款，我问她："我什么时候能拿到西服啊？"

服务员说："先生，您别急，先回去等消息吧，西服做好了我会第一时间通知您的。"

于是我回来等啊等，等了三个月，终于接到会所的电话，我兴奋地问"是不是我的西服做好了啊？"

服务员又和我说："先生，您的西服还没好，是您的样衣到了，您抽空过来试一下样衣。"

原来会所先用其他差的料子给我做了一套样衣，我去会所穿上样衣后，服务员又用粉笔在衣服上划，这边长了几毫米、那边宽了一厘米……

试完样衣后我又问服务员西服什么时候能拿到，她还是叫我别急，先回家去等消息。我又回家等啊等，又等了三个月，终于接到会所打来的电话说："陈先生您好，恭喜您，您的西服已经到了，请随时到会所来取。"

我挂掉电话就兴冲冲地跑去会所取衣服了。到了会所穿上一试，果然就跟长在身上一样合身。

……

同学们，现在再猜一下我穿的这个西服多少钱？

学员：2 万、3 万、5 万、8 万、10 万、15 万……

我：好了，有没有发现这两次猜价格的不同。刚刚大家猜的平均数是 3000，有人还猜 500 的；现在最低的猜 2 万，最高的有 15 万的，当然是没 15 万这么夸张了，平均一下差不多在 6 万块吧，涨了多少倍？

学员：20 倍！

我：好，从这个里面我们可以学到……

此外，不论什么行业，每个品牌都要想方设法提炼出属于自己的品牌故事。一个好的品牌故事不仅有利于提升产品的价值，同时也是一柄获取客户信任的利器。请看下面我所列的两个品牌故事。

Zippo 打火机

战争年代，有一个美国大兵，冲锋在枪林弹雨之中。“嗖！”一颗子弹突如其来地射进了他的胸口。大兵心想：“拜拜了，我伟大的祖国！我亲爱的家人！”可半天过去了，却没有那种钻心刺骨的疼痛，低头一看，原来他的口袋里装了一个 Zippo 打火机。

子弹向他打过来，正好打在打火机上，卡住了，救了他一命。

大兵退伍回到家中，就把那个打火机供在他家神台上，奉为圣物。

大家注意，这个故事是一个非常好的广告原型。

它说明那个打火机至少有两大优点：首先，子弹都没打穿，说明钢材特别好；其次，能救人性命，说明它能带来好运。

后来，美国 Zippo 公司就将这个故事巧妙地运用到了自己的宣传之中。现在 Zippo 打火机世界知名，最便宜的也要几百块，限量版更是贵得惊人。

喜临门“评 A 之战”

二十世纪九十年代初，喜临门已经有了年生产一万张床垫的能力，对于喜临门来说，已经是个了不起的进步。但是和当时众多国有、集体家具企业相比，这个厂房还设在破旧民房里的私营企业，产品质量不被信任，进不了大商场。

1992 年初，“中国家具协会第二届软床垫专业委员会会议”即将在南京召开。通过多方努力，喜临门终于作为唯一的私营企业代表，挤进了在南京召开的年会。

在会议上，喜临门获得了一条重要的信息：中国家具协会宣布为与国际接轨，即将按照国际惯例在床垫行业中评选“国家 A 级产品”，用技术测试数据说话，从而取代以前的“国优”“部优”产品评选。如果喜临门能评上国家A级产品，就相当于拿到了进入大城市大商场的通行证，从此可以跟那些国有、集体的大企业在同一平台上公平竞争。

于是，董事长陈阿裕先生回到公司立即着手评A产品的研制。素来对产品生产技术有研究的董事长，通过对弹簧几何形状和弹性之间关系的潜心研究，经过多次试验，终于制造出一种口径、中径和圈数特别设计的弹簧，再经过特殊的热处理，在同类企业中自成一家。

这一年的二三月间，中国家具协会正式通知各企业将对床垫进行抽样检测，弹簧是床垫的灵魂，董事长对自己设计的弹簧很有信心，但是在没有看到最终结果以前，心里总还是不踏实。在这种自信和忐忑交织的心情中等待了三个月后，检测结果出来了，浙江省共有三家企业通过，喜临门名列其中。这一消息让董事长更坚定了要把企业做大的决心。

可没过几天，宁波的一家床垫企业联合绍兴、宁波另两家工厂向中国家具协会举报，说喜临门的床垫是假冒产品，是买了别人的产品参加检测。省家具协会对喜临门的情况很了解，主动出面，帮助喜临门向中国家具协会澄清。质量检测站对喜临门的床垫检测结果也认同，整个抽检工作是公正的，无可挑剔的。但是，由于告黑状的三家企业都是行业内有影响的企业，并且接连不断地向中国家具协会施加压力，中国家具协会一开始犹豫不决，最终还是决定取消喜临门产品被评为国家A级产品的资格。

这消息犹如当头一记闷棍打在董事长陈阿裕先生头上，也像一盆冷水把兴奋中的他浇了个透心凉，更像是把他猛然从成功的云端一下子推入了欺世盗名的深渊。喜临门的机遇眼看着就会变成喜临门的噩梦。如果这个消息在市场上传开，评不上A级产品不说，喜临门的声誉还会一落千丈，产品的信誉也会受到严重打击。

为此，陈阿裕董事长立即赶到北京，详尽地解释了自己研制的弹簧如何与人不同，但结果都无济于事。最后在没有办法情况下，他给中国家具协会写下承诺书，如果喜临门床垫的弹簧与任何一家床垫企业的弹簧相同，他就承认是弄虚作假，甘愿接受任何处罚。但如果事实证明喜临门是清白的，就应该授予国家A级产品称号。

这个承诺中包含着极大的风险，全国大大小小几百家床垫企业，不能保证弹簧百分之百没有雷同，万一和哪家企业的弹簧正好类似，就太冤了！但在当时，董事长也顾不得那么多了，他没有别的选择，只能破釜沉舟，孤注一掷。

这以后又是焦急而漫长的等待。然而，等来的却是又一次的打击。当年六月，中国家具协会公布了全国评上国家A级产品称号的床垫生产企业名单，喜临门榜上无名。

陈阿裕先生再一次赶到北京要求他们主持公道，还喜临门一个公正的结论。经过再三要求，最后中国家具协会提出，要评可以，但要由他们重新抽样，送中国家具检测中心检测。董事长面对现实，又一次接受了不公平的要求。

回到绍兴后，董事长想到了一个实际问题。喜临门的生产场地当时还在几间旧民房里，但这一次是来者不善，万一他们鸡蛋里挑骨头，提出这样的家庭小作坊不符合要求怎么办？于是，他向邻近的一家企业租用了他们空置的厂房。几天后，中国家具协会专门派人到了喜临门，一开始说只是看看现场，但是到了车间里，来人突然就封存了床垫样品，并要求在两天内送上海检测。这种突然袭击式的做法明显是表示对喜临门的不信任，董事长在感情上实在难以接受，但是为了要一个公道，更为了要一个梦寐以求的国家A级产品称号，陈阿裕董事长再一次忍受了这一屈辱。

第二天凌晨3点多，陈阿裕先生亲自押车送床垫抽检样品，一路直奔上海。7个多小时后，货车到离上海检测中心还有2公里的地方进不去了。他们四处找了一下，上海街头连一辆手拉车都没有。为了赶在人家下班前送到，董事长背起床垫走向检测中心。时值盛夏，天气炎热。在七月的烈日炙烤下，空着手走两公里路都会汗流浃背。陈阿裕董事长背着床垫走了没多远，衣服就已被汗湿透，脑门上流下大颗大颗的汗珠，滴落在滚烫的路面上。还是七个多小时前吃的早饭，早已饥肠辘辘。最让人难受的，还有这满腹的委屈。董事长觉得自己向来都是一个诚实的人，现在却要以屈辱为代价来证明自己的诚实。他又热、又饿、又累、又气，但是却不敢停下来歇一歇，喘口气，他告诉自己身上背的不是自己的面子、自己诚实的证明，而是一个企业的命运，是所有喜临门人的命运。

把床垫背到了检测中心，中心的工作人员已经在吃中饭。满头大汗、浑身湿透的董事长背着床垫进去，人们的目光一下子集中到了他身上。那种渴望帮助，渴望证实自己清白的眼神，感动了在场所有的人。检测结果要等一段时间才能出来。董事长惦记着公司里的事，归心似箭，就驱车回绍兴了。

当晚，工厂断电。董事长呆坐在食堂的烛光下，一口饭也吃不下去。他觉得自己的精神快要崩溃了，想起七八年走过来的创业之路，特别是这几个月来所遇到的困难和不平，所有的压力都是他一人承受着，种种的艰辛和委屈一齐涌上心头。

焦急等待了十几天后，上海的检测报告出来了，各项指标符合A级标准。在当年9月13日《人民日报》

上，中国家具协会再次公布床垫国家A级产品名单，喜临门赫然在目！

看到报纸后的陈阿裕，走进办公室就锁上了门。他仔细读着这份名单，看到名单上喜临门三个字时已是泪流满面，几个月来郁积在心里的委屈一齐往上翻涌。他想到明明是自己生产的产品质量好却被诬陷为是假冒，想到自己忍辱写下服辩却还是没有人肯主持公道，想到突然袭击一样的抽检简直就是对他人格的当面侮辱，想着想着，禁不住失声痛哭。男儿有泪不轻弹，但这一天他要尽情地释放，把堵在心头所有的委屈和不平统统清理掉。

董事长把自己反锁在办公室里大半天，走出办公室的时候表情已经异常平静，但在他的内心，另一股风暴正在积聚能量。他决心要放开手脚大干一场，把床垫市场上那些看起来不可一世，但其实并不可怕的床垫品牌，统统打败。

我想每个读完这个故事的人，内心不仅对陈阿裕这位企业家肃然起敬，对喜临门这个品牌也更加的了解与信任。所以，多讲企业发展的艰辛历程、企业家故事、客户服务、产品质量案例等，在获取客户的信任上将事半功倍。

还有一种快速取得客户信任的方式是销售过程中的“ABC”法则。“ABC”法则更多的是用于异议处理环节，但从获取客户信赖的角度而言，处理好客户的异议，客户自然就会信任你。我个人对"ABC"法则的理解如果用一句话来表达的话，那就是"用他人的事，成自己的单"。

比如有位顾客问："价格太贵了，能不能便宜点？"

一般销售人员会回答："我们的产品性价比是最高的，同样的价格……"如果以"ABC"法则模式来回答会是怎样呢？

首先，"ABC"法则中的"A"就是当下接待的这个顾客；"B"是虚拟顾客；"C"是我们自己，或整个销售团队。

客户提出问题时，比如"价格太贵""环保过不过关"等，不要直接回答，而是给他们讲故事——把发生在 B 身上的故事讲给这个 A 听。如应对"价格太贵"的客户异议，可以这样回答："先生，您的心情我非常理解，我也是消费者，我也希望能以最低的价格买到最好的产品。但我要告诉您，在上个月好像是六月十九号，×××小区的王先生，他也是一个企业家，听说他的工厂很大，他来买了一套沙发，当时也觉得价格很贵，比别人家的贵两千多块，后来他一计算，觉得我们虽然贵了两千块钱，但能比别的沙发多用好几年，还是很划算的，就买了。"

用故事回答问题，更易取得顾客认同。

为此，我们每个销售人员脑子里都要储存一定数量的故事，都要学会讲故事，且要讲得真实、流畅。

如果客户问售后服务怎么样？我们可以按照这样的方式回答："我们的售后服务点遍布全国，就连西藏都有我们的售后服务网点，您看，这是一个顾客写给我们的感谢信。您知道他为什么写感谢信吗？他买的是那个××系列，用了六年，有一个金属脚脱落了，打电话到我们售后，当天下午我们的售后服务人员就到了他家，带了专业的工具帮他把那个金属脚修好了。离开他家时，我们的售后服务员小王，出门的时候看到那个顾客家里的门关不牢，顺便就帮客户把门也修好了，所以那个客户很开心，就给我们写了一封感谢信！你看，上面还有他的电话号码。"

成交设计

"没有销售，都是成本；没有成交，一切徒劳。"这是我对成交意义的理解。对于会销演讲者而言，成交不仅仅需要精心的设计，同时要有强大的内心力量作为支撑。用我的话来讲，设计成交之前，先强大自己的内心。

首先，一位合格的销讲师内心必定要种下"一切成交都是源自于爱，成交你是为了你好"这样的信念。事实上也确实如此，多少《99赢利系统》VIP学员当初是被我们老师成交进来的。坦诚来讲，成交他们的时候，也感受到他们的反抗、犹豫和纠结，但是作为老师，我深知学完这套系统对他们来说有多大的意义和帮助。所以，只有坚定"一切成交都是源自于爱，成交你是为了你好"这样的信念，销讲师在成交时内心才没有恐惧并能充满力量。

其次，对于销讲老师而言，不论你的演讲多么精彩、内容如何实用，凡是涉及成交，只有成交了客户，才能真正得到客户的尊重，这是我这么多年以来的亲身感受。所以作为一名销讲师，站上舞台的那一刻起就已经没有退路，只能拿出破釜沉舟的决心和勇气，成交客户，才能得到尊重。

演讲者完成了作为一名销讲师在成交环节中的内在调整之后，更多的要对会销现场成交环节做设计。一切好的成果都来自于精心的成交设计，成交的设计不仅仅是一个流程，更是一门技术。因此，我把它总结为下面的六大步骤。

第一步：心理暗示

不论是纯粹的演讲还是带有商业性质的销讲，演讲者总会时不时地提出一些问题或者要求观众做一些动作甚至行动来获得观众的回应。比如：

(1)提问形式

①针对……，同学们是否认同？

②就……，你们说是还不是？

③……，对不对？行不行？能不能？好不好？可不可以……

你会发现，所有这些演讲者提出的问题，观众给出的答案都是肯定的，其实这是对观众的一种正向肯定，也是每一位演讲者要具备的一项基本的提问能力。说白了，这些问题压根就不重要，答案更是很简单，关键在于让观众习惯性地说出正向、肯定的答案。当然，观众的这些正向肯定回应，对演讲者而言无疑也是一种很好的互动与能量的加持。

(2)动作形式

①针对……,认同的请举手,举高手!

②就……,认同的掌声鼓励一下!

③……,想要的站起来、向前一步、到台上来、和老师握个手、和老师合影……

这些也是演讲者与观众互动时经常用到的一些方法。第三条可能销讲老师用得会多一些。在实际操作中你会发现和提问形式的暗示相比,动作形式的暗示回应演讲者的人数会逐渐下降。尤其是到第三条,如果是上台的话,回应的人就会更少一些。结合会销而言,在这个环节中,演讲者要做的就是想方设法让观众发生从只动口到有行动的转变。这不仅对会销现场的氛围有利,更重要的是让观众有行动的意识和感觉,有利于后续的成交。

比如我在演讲过程中就经常会以“演讲家宣言”的练习,让学员上台。一方面让学员找找舞台的感觉,另一方面让学员养成上台的习惯。

第二步:铺垫埋线

铺垫埋线的目的有两个,一是塑造产品,二是制造需求悬念。比如:如何打造职业化狼性团队,让团队自动自发运转?这些问题我们会在《99 赢利系统》运营班中统一解决。类似的话我在课堂上经常讲,一方面可以塑造《99 赢利系统》运营班的价值,同时又给在团队打造上有困惑的学员一个引导。

包括在 EMC 的成交系统中,我也是这么要求的,如

①提升孩子专注力、想象力与好习惯的养成,这部分将在

《全脑平衡高感》课程中学习；

②超过90%的家长，都会给孩子报……

第三步：成交测试

成交测试是销讲师在演讲过程中对即将进行的销售环节，观众反应于接纳、参与程度的摸底手段；同时也是给观众传递出会有现场成交环节的一种信号，让其有心理准备。一般我会采取以下两种方式来做成交测试。

①如果花钱还想要学习这个课程的，举手我看一下！

②低价卖赠品……

第四步：设限成交

设限成交的目的是制造紧迫，营造会销现场成交的氛围。这里需要重点说明的是销讲师在给工作人员定向时一定要强调这个环节的本质是"假障碍，真成交"。所有的设限，看上去是成交的障碍，实际上仅仅只是制造紧迫的一种手段。切忌把能成交的客户因为限制而拒之门外，我就遇到过这样的情况。具体如何设限呢？

①限时：要学习的，现场限时5分钟报名。

②限量：现场只收10名，现场只卖10套。

③限价：现场价格。

④限地：只有现场报名，才能享受现场优惠。

第五步：证据设计

首先明确一点：无论何种成交，证据、客户见证这些能促使客户产生信任与下决定的素材是贯穿整个销售流程的。有些销讲师会把很多案例、图片，甚至销售底单这些证据在成交环节展示出来，殊不知成交环节本身就已经令观众有一定的防备心理，再出现大量的证据，目的性更加明显，自然观众对这些证据的相信度也就大大降低，从而导致成交结果不尽如人意。

比如我在《99赢利系统》策略班的课堂上，塑造《99赢利系统》VIP价值时会以苏州圣尚现代新中式红木家居董事长饶勇为例。

2015年底，饶勇进入博天《99赢利系统》课程学习，成为VIP学员后，不仅每次《99赢利系统》开课都会有他的身影出现在课堂上，空闲时还多次到杭州拜访我，非常虚心好学，并且落地能力非常强。他把我与他分享的经营企业的一些心得以及在课堂上学习的“服务体系”“团队的三重境界”理解得非常透彻并逐步落地到企业中，独创了6A服务体系。2017年5月新产品面市，截至7月新品加盟经销商已有了13家，2017年他的目标是30家，产值8000万，2018年目标为70家，产值达到2亿。

饶勇今天在事业上取得的成就非常骄人，其成长发展历史也相当励志。1981年，饶勇出生在四川南充，初中毕业后在体校读了一年书就退学了，至于退学的原因，我想很大部分是跟读不进书有关系。比尔·盖茨、乔布斯，据说都是退学后去创业，然后做成世界级企业的。饶勇的圣尚红木或许也能做成中国现代新中式红木家具领域的第一名吧。退学后，他只身一人来到苏州一家家具厂做学徒工，对家具产品的工艺特别感兴趣，每天如痴如醉地泡在车间，经常加班到凌晨，从无怨言，有好几次就在木屑堆里睡着了。他潜心钻研，发明、创新了好几种工艺，产品质量得到飞跃提升。在当时，好产品自然不愁卖，销量也几度创造奇迹。后来，饶勇以父亲赞助的 9000 元资金与自己 38000 元的存款，又向同学借了 30000 元，共 77000 元的原始资本创办了圣尚红木这个品牌。

饶勇先生来杭拜访学习

饶勇在《99赢利系统》领袖班现场学习

而在塑造《领袖演说秘训》课程价值时，我又会以江西潘峰家居总经理为例。

> 潘峰先生是子承父业，用现在流行的说法是“企二代”。潘峰家居是1996年由董事长潘永军先生创办，至今有22年的历史。2009年，潘永军董事长退居二线，由潘峰掌舵公司。
>
> 2016年9月在《99赢利系统》策略班上潘峰与我结缘。之后就一直跟我学习演讲，多次参加《领袖演说秘训》课程学习，也经常会跑到杭州来让我指导，由于我以往的工作中对企业大学建设与运作也有一些研究与成功实践，他同时也会与我探讨一些关于企业大学建设的问题，并且我也非常荣幸地担任了潘峰商学院

的名誉院长。

坦诚来讲，潘峰有1米8的身高与近90公斤的体重，这种体型站在台上演讲对前几排的观众来说是有压力的，太过魁梧了。但潘峰学习演说技巧后，对他的优势条件运用自如，台风稳健，中气十足，声音雄浑有穿透力，语言幽默风趣，最主要的是，潘峰热情忠诚的态度、充满激情的“精气神”，富有很强的亲和力和感染力，能让观众很快就喜欢上他。

2017年9月16日到18日，潘峰商学院第一次在江西南康开课，邀约了100多位潘峰家居的经销商。本来是请我这个名誉院长去讲课的，但碍于我连续几个月的剧烈咳嗽未愈，没能去潘峰商学院授课。正当我准备协调邀请其他老师去潘峰商学院授课时，没想到潘峰说：“师傅，您来不了，我准备自己讲课！”

说实话，当时我心里是没底的，但又不能直接反对、打击他，最终还是选择相信他的这个决定。为确保万无一失，我找出多年前为顾家大学、喜临门学院研发的如《门店销售四步八法》《快速成交》等经典课程传给潘峰。这些课程都是我的呕心沥血之作，又经过实践证明是接地气、有价值的课件，在此前从没有给过任何人。

为了把潘峰商学院的第一堂课上好，潘峰连续几晚未眠，结合自己企业产品特点优化课件、练习演讲。有两次凌晨还在跟我发信息请教培训的关键点。后来，他跟公司的营销总监李传玫先生联袂主讲，经销商满意度很高，取得了成功。

纵观潘峰的努力与潘峰家居的发展，让我想到了顾家家居。顾家创始人顾玉华先生创办了顾家家居，经营多年后交班给儿子顾江生，而顾江生先生也不辱使命，带领顾家，在短短的十几年时间，就做到行业第一，在2016年9月成功上市，如今已市值200多亿了。目前潘峰家居也已先后在2009—2017年间被评为：中国十大原创家居品牌、中国低碳环保家具十大创新品牌、中国家具行业年度行业标杆企业、江西名牌产品、江西省著名商标、江西质量信用AAA级企业，并全面通过了ISO14001：2004环境管理认证、ISO 9001：2008质量管理体系认证和OHSAS18001：2007职业健康安全等多项权威认证及荣誉称号。相信顾家家居的今天，就是潘峰家居的明天！

潘峰先生来杭拜访学习

潘峰商学院第一期内部培训会潘峰与助教团合影

学员报名、开班、学习照片，订单底单、落地成果分享等都在整个会销演讲过程中穿插展现。如果有老学员在现场，邀请老学员上台分享其落地成果与经验那就更有说服力。

第六步：赠品助销

赠品是一种很好的促单手段，很多时候客户购买的并不是低价，而是占到便宜的这种感觉。在会销时，因为客户群体大，更需要设计好赠品方案。设计赠品方案也是每一位销讲师需要掌握的一项能力。以我对赠品的理解，在设计方案时应该着重明确以下三个问题：

(1)送什么

这个问题相对简单，无非就是确定赠送的东西和条件。比如日常生活中经常能看到的“买床送床垫”“买手机送电饭锅”“买客厅送餐厅”等赠品方案，《99赢利系统》报VIP全套课程送《领袖演说秘训》，报EMC全套《全脑闪电记忆》课程送《脑力魔方》也是同一个道理。

(2)何时送

何时送，是一种艺术。在会销过程中销讲师一定要把握好时机与火候，否则赠品将毫无价值甚至起到反作用。

在确定何时送之前，先要明确会销成交环节的安排。换言之就是在这场会销中安排了几轮成交。假如只安排了一轮成交，那么没得选择，赠品也就在这个时候送出。若是两轮以上的成交环节，原则上第一轮成交是不宜以赠品来促单的。

(3)谁来送

决定谁来赠送赠品很重要。本身观众对于赠品的价值是没有概念的,全靠销讲师的塑造。但是即使销讲师塑造得再好,如果随随便便找个理由,来个人就把赠品送掉了,那观众对赠品的价值感就会大打折扣。

所以赠品的赠送要做到三有,即有申请、有批复、有签字。比如我在《99赢利系统》策略班上成交VIP送《领袖演说秘训》课程,一定是有现场成交组委会或者老师向公司申请,由董事长批复,最后订单上关于赠品部分有会销总监的签字。

这就是整场会销的六大步骤以及其中所要注意的关键点。当然,要保证一场会销的优质成果,除了做好会销的六大流程步骤之外,还必须解决以下四大成交关键点。

第一,如何解决客户"信不信"与"值不值"的问题。

在解决"信不信"与"值不值"的问题上,我个人的理解是如果客户不相信,我们就不存在解决客户值不值这个问题的机会。我们经常能够听到这样一句话——销售产品之前,先销售自己,真的是有道理的。为什么我一再地强调,演讲者上台要做的第一件事情是让观众喜欢你,其原理是一样的。只有让观众喜欢自己,我们才有让观众继续听自己演讲内容的机会。所以,销讲师在解决客户"信不信"与"值不值"这个问题前,先要努力让客户喜欢你,再通过销讲师的介绍与塑造让客户喜欢平台、信任平台,到最终喜欢这个平台与销讲师推介的产品。

客户相信了,塑造价值才有意义,自然也就不存在客人值不值得的问题了，否则，一切都是空谈。

第二，如何解决客户下单六大异议。

针对不同行业、不同产品，客户的异议是不一样的，客户异议更是千奇百怪、无所不有。如果一味地解决客户异议，那是无穷无尽的，在销售过程中要抓住最核心的异议。事实上，解决了最核心的以下六大异议，基本上单子也就成了。在此，我以EMC（教育培训行业）为例，将经验分享给大家，希望大家能理解背后的原理并转化落地。

①以前学过了，没有什么效果，看看别人的效果后再报。

A. 在孩子的教育上，不能因为一次不愉快的经历而耽误了孩子的学习，感冒了，吃一颗感冒药没效果，难道就不再继续吃了吗？

况且感冒药有好有坏，课程也一样啊，以前学的和我们的课程内容设计、教学方法、教师专业度一样吗？

您以前给宝贝报的课有让世界记忆大师来教吗？

B. 孩子学了没有效果，有没有这样的情况？有！我也非常理解您的心情，但是孩子在不同的阶段，接受能力是不一样的，作为家长我们真的不能因为某一次的不愉悦而给孩子贴上学不会的标签，而且我们的课程95%以上的学生学了都有效果，说明课程本身是没问题的。

我今天讲的内容，您不论是在网上还是在书上是找不到的，是我多年教学经验的总结，以我8年的教学经历来讲，我们的学习方法是有效果的。再说了，是完全没效果还是没有达到您的期望？

C. 我非常能够理解这类家长的心情。我们很多事情都在这种看看、等等中错过了最好的时机。我要告诉大家，人生有三件事情是我们等不起的，第一是健康，多少的健康是在等等、看看中丢失后，在病床上后悔和懊恼；第二是尽孝，总认为父母还年轻、时间还长，有的是时间尽孝心，殊不知“树欲静而风不止，子欲养而亲不待”，多少人的尽孝是在父母的坟头痛哭和忏悔；第三就是孩子的教育，连李嘉诚都说“一个人再大的成功都弥补不了孩子教育失败的缺憾”，为什么总爱看别人的孩子，永远是别人的孩子优秀，别人的孩子在学习，你的孩子呢？等别人的孩子学习完有效果了，你的孩子永远落在别人孩子的后面！

D. 不报课、不来学，怎么看到效果？你的孩子可以不学习，但你孩子的同学可能就已经在学习，看看其他孩子的学习成果，世界记忆大师亲自指导授课、学习，全新的教育模式和教学理念，再优秀的孩子，不学，就等着被超越吧！

②你们的课程比其他同类的课程贵多了，没钱报课。

A. 没钱？什么时候能有钱？为人父母，再苦不能苦孩子，再穷不能穷教育。为什么这么说？因为只有教育可以改变一个人的命运！你没钱，你还想让你的孩子也和你一样没钱给你孙子报课吗？

人与人为什么不一样？不一样的关键在脖子以上部分，没有什么比投资大脑更划算！有价值的东西，借钱、刷信用卡都要学！穷人思维是等有钱了再来学；富人思维是先学了，让孩子有更精彩的未来，比什么都值钱！

几万块没钱报课，几千块也没有吗？到底是没钱？还是舍不得为孩子投资？

B. “一份价格，一分货”的道理很多人都懂，但很多人都不信！比 EMC 价格便宜的机构多了，但你看得上吗？专业吗？是的，可能课程名称上都相似，但是今天我要告诉你相似也就只是相似而已，陆风很像路虎，是路虎吗？众泰很像卡宴，是卡宴吗？全国 7 位世界特级记忆大师，EMC 就有 2 位，其他机构有吗？我可以非常自信地和你说，在附近，您就找不到第二家有 EMC 这种规模、师资、专业、服务的全脑机构。

C. 是贵，我承认。如果课程质量、服务质量和价格三选一让您选，您会选哪一个？是的，您毫无疑问地选择课程质量，贵有贵的质量，贵有贵的同学圈，获得贵的人脉。同样的，便宜当然是便宜的质量和人脉。

③小孩子不愿意来学习。

A.就是因为孩子不愿意来学习，才更要送他来EMC学习！作为家长，你了解过孩子不愿意学习的原因吗？给孩子报了这个辅导班、那个舞蹈课的家长举手。多少孩子不愿意学习是因为在传统的学习机构学怕了，压力太大了！当然也有一些确实存有不端正的学习态度。不论是哪一种，送到EMC来一定能帮助孩子提升学习能力，提高学习效率，我们倡导的就是学习无压力，孩子好未来。

B.孩子不愿意干的事情，你让他干的还少吗？孩子不喜欢吃饭，你同意他不吃饭了吗？孩子喜欢玩游戏，你同意他整天光玩游戏了吗？哪个孩子天生是喜欢学习的？但是孩子在这个阶段，它的主要任务就是学习，家长要在该为孩子做决定的时候迅速帮助孩子做决定！

④我孩子时间排满了，没有时间学习了。

A.是孩子没时间学习了还是你觉得孩子没时间学习了？马上现场问问你家的宝贝，有没有时间来EMC学习这一套学习方法？

时间都是挤出来的，麻烦爸爸妈妈为你们的宝贝动动笔，排一下孩子的时间都去哪里了？和学习这套学习方法相比，哪个事情可以暂时缓一缓，甚至不做来学习这套方法？

B. 不要让习惯性的自以为是蒙蔽了你们的双眼，很多事情不是没时间干，而是有没有这个心去干，时间，我想只要愿意去安排，总会有的。

⑤太远了，我没时间接送孩子。

A. 一周一次接送孩子的时间都没有？我相信，今天你能陪孩子到这里来，未来的每周你也一定能抽出时间陪孩子来学习。恕我直言，很多家长在工作或生意上出一点小问题急得火急火燎，而在孩子的学习上却忙得没时间关注，都说一切都为了孩子，到底是孩子重要还是工作重要？

永远都有忙不完的工作，做不完的事情，要先挑最重要的事情去做，如果孩子成绩提高了，有出息了，您可以少为他奋斗20年，您说哪个更重要呢？

B. 孩子是家长最重要的人，孩子最重要的事是学习，为最重要的人做最重要的事情都没有时间，做什么有时间？打麻将还是做美甲有时间？

⑥我要与我老婆(或老公)商量一下再报课。

A. 商量一下是借口，先不说你能不能做主给孩子报课。我可以非常肯定地说95%以上的爸爸(或妈妈)回去商量得到的结果都是您爱人的反对意见。为什么？他都没有来到现场、没有看到孩子的学习效果、不了解我们的课程体系，怎么可能给出正确的建议？

B. 你自己在现场、亲眼所见、亲身经历和体验都决定不了，还奢望一个什么都不了解的人来给自己和孩子的学习做决定？

C. 是对报名费用真的没有决定权还是借口推脱，如果是真的要商量，那我建议您现场马上打电话商量，让我们的顾问老师协助你完成这个环节。

D. 夫妻在一起，不是资产、就是负债，同心同德做一件事，坏事都能变成好事，意见相左，方向不一，好事也变成坏事。

第三，如何塑造以及推崇同事。

会销成交永远不是销讲师一个人的事情，需要的是一个团队背后的支持与同事的默契配合。为什么要布置会场、营造氛围？为什么要塑造与推崇平台、同事、老师的价值？所有这一切的设计与努力都是因为在成交时，需要借人、借势、借场来促单。

销讲师塑造与推崇同事这个部分，我的原则是：事实为根据，润物细无声，塑造于无形。什么意思呢？之前有学生半开玩笑半认真地说："老师，推崇和塑造同事也好，平台也罢，不就是吹牛嘛，简单！"虽说听起来像是玩笑话，但我最怕的就是他真的是这么理解的。为什么我要说"事实为根据"，如果在推崇与塑造过程中大吹大擂、口无遮拦、满嘴跑火车，那不仅让观众对演讲者本人产生不信任，甚至对于被所谓的"塑造与推崇者"而言是一种贬低。

而"润物细无声，塑造于无形"指的是对于被推崇与塑造者的夸赞要分散于整场会销演讲过程中，找到合适的点，时不时地夸奖与塑造，且每次只塑造一个点，不生硬、不突兀。

第四，如何设计成交前的问话模式。

①通过 EMC 的学习可以让我们的学习成绩由中等变成优等，这样好不好？

②通过 EMC 的学习让我们的学习更轻松更高效，这样好不好？

③通过 EMC 的学习让我们的亲子关系变得更亲密，这样好不好？

④通过 EMC 的学习让我们交到更多的好朋友，这样好不好？

⑤通过 EMC 的学习让我们更自信、更有学习动力，这样好不好？

⑥通过 EMC 的学习让我们都拥有最强大脑，这样要不要？

发自内心想要的请举手！跟老师说，立刻行动！我要告诉大家今天不是所有人都有机会参加学习，机会只给到真正想成长，下决心一定要改变的人，因为你只要下了决心，老师就一定能帮助你做到！对不对！

销讲师在讲述完这一段成交环节之后，整场就进入成交的高潮了。很多没有经验的销讲师在成交完了之后就直接离开现场了，对于会销成交而言，这是不太妥当的，甚至有可能因为缺少了对那些现场没有成交的观众的安抚失去了一些可以再次成交的机会。这个环节，我把它总结为“真情善后”，比如：

> 我很欣赏刚才立刻做决定的家长，因为你行动的速度就代表了孩子进步的速度。是不是今天没有报名的孩子就没有机会学习了？不是的，老师真的很想每个孩子都能学到这么好的课程。但人最难的就是下个决心并行动，孩子学习和成长也是这个道理，你不给孩子不给自己机会走进课程，我没有办法从根源上帮助到你啊！
>
> 所以迈出那一步后，你会发现决心有了改变就容易了！
>
> 很多人说，老师你就别推课了。你们想啊，我不是雷锋，因为雷锋一个人吃饭全家不饿，我不行啊！我吃饱了，这些老师们饿啊！他们都离开了，平台怎么发展？没有平台，怎么能让你们听到这么好的课程？怎么来帮我们的孩子提升记忆能力？怎么有人来教孩子如何健康快速地成长？
>
> 我很感谢在座的每一位家长和孩子，你们知道吗，老师进入青少年教育这个行业从来没有也没有考虑过做别的事业，这些年每个周末假期我都是在营地里陪伴孩子们陪伴你们，我一年陪伴家人的时间不到半个

月，但为什么我还要这样做，是因为我觉得看到孩子们有成长、看到孩子们爱上学习、看到你们通过学习家庭幸福，我真的觉得这一切都值得，所以为什么老师邀请各位走进营地，因为我相信我也坚信营地的每个孩子100%有成长。

第九讲　实战演练之二：培训演讲

如何在企业发展中实现有效的学习，并为企业发展提供新的动力源？这就是企业培训师的价值所在。管理大师彼得圣吉博士说“未来最成功的公司，是那些学习型的组织”。人力资源是组织中最昂贵又最具变动性的资源，培训担负着对这一资源的能力激发与潜力开发的重任。随着社会发展和进步，不论政府机构还是企业组织、社会团体对人力资源六大模块之一的培训越来越重视，于是对培训师这个职业的专业度要求也随之水涨船高。

我曾多年在企业做培训，帮助企业建立企业内部商学院，也培养了不少培训师，对于企业培训的目的、需求和企业培训师的具体要求驾轻就熟。一场精彩的培训课，就像一道可口的菜、一台好戏剧、一部好电影，关键在于培训师本人。

我经常问学生这样一个问题——假如让你在以下职业中选择，你觉得培训师是演员、导演、消防员、导游、推销员、教练、厨师还是医生？

很多人会选择教练或医生。当然，没有任何问题，从培训师这个职业特性而言，说他是企业发展或个人成长的教练和医生其实非常贴切。而在我看来，以上的所有称谓都适合培训师，甚至还远远不止这些。因此，培训师必须具备多方面的知识和素养，我把它总结为培训师的五项修炼。

培训师的第一项修炼：德行天下

“上善若水，德行天下”说的是最高境界的善行就像水的品性一样，泽被万物而不争名利，它使万物得到它的利益，而不与万物发生矛盾、冲突，故天下最大的善性莫如水；有道德和品行才能行遍天下。

作为一名培训师，面对的学员可能来自全国各地，培训师存在的价值和意义就是帮助别人解决问题。学员没有做到的，你已经做到了；学员做到了，你要做到更好，以德服人。如果做不到这几点，就不要上台做培训师了。

所以我经常讲培训师这个职业如果做不好，误人子弟是要受到良心的惩罚的。很多人以为我是在讲笑话。事实上确实有一定的笑话成分，但我想更是我内心对培训师这个职业肩上责任的一种理解。因此，我认为要成为一名不失德的培训师需要做好以下五点。

第一，有很强的方向感。在知识更新周期的加快和盛行终身教育的今天，培训师需要意识到自己所扮演的角色。他们相信自己创新和预言未来的能力，会把最尖端的信息进行整合，然后用适合的方式传授给自己的组织，让组织靠近目标并使组织更具竞争力与凝聚力。

第二，懂得给自己培训。给人一瓢水，自己首先要有一桶水。伐木者的产量会下降，是因为他没有时间去磨快他手中的斧头。今天，知识与经验都有了很强的时限性与局限性，心灵就像身体一样，必须定期给予营养才行。

第三，知识要形成系统。俗话说："太阳下面没有新鲜事。"关键在于怎么组合旧元素，或者对旧元素进行新包装。所谓的新观念、新理念，也无非是旧元素的新组合，或是旧元素的新包装。经常能听到类似这样的学员反馈："这老师讲的东西其实我都知道，没什么新鲜的内容，但是他这样讲，这样编排，可以帮我梳理思路，还是有作用的。"

很多人会说既然学员都知道了，那培训师给到学员的到底是什么呢？似乎给到的这些内容变得没有价值。其实不然，培训师的作用就是在培训中，用系统思路，把大家都知道的东西贯穿起来，使它有逻辑性、有条理性。在这个系统思维里面，学员零散的经验可以找到相应的位置，从而有所提高。

第四，用真诚回答真诚。培训从传统的知识灌输转变为"兴趣是最好的老师"。学员能够完整地理解与接纳培训的内容不是一件简单的事情，一条信息在一秒钟内可以绕着地球传到两万公里以外的地方，但是要它进入一个人的内心，却有可能需要好几天甚至好几年的时间。学员只有愿意接纳才会接纳，只有愿意改变才会改变。

每个人都守着一扇自内开启的心门，没有人能随便地打开，培训师要做的事情就是进入学员的心门，改变和优化人们固有的心智模式。这需要培训师透明的真诚，所以真诚的、心灵敞开的是每一位培训师永远要修炼的部分。

第五，相信每个人的潜能是无限的。木桶原理告诉我们，不是哪块木板最短，不管水流出了多少，重要的是如何重组这个木桶。作为一名培训师必须相信每个人都是一座沉默的火山，每个人都会在一定的机会中爆发，每个人也都如一颗钻石，都有好多面可以欣赏。在培训过程中，培训师要学会更多地看到每个人的优点，从而不断培养和激发学员的优势与潜力。

培训师的第二项修炼：紧抓需求

一名好的培训师需要有渊博、丰富的知识，更要有把这些知识生动、形象地进行描述的口语表达能力，并以恰当的方式自然娴熟地展现出来，更关键的是展现出来的东西还正是观众想要的。这中间就要求培训师要非常善于把握观众的需求。成人的学习和学校里孩子的学习是不一样的，在校学生的学习大多属于被动灌输式的，老师讲什么就听什么，学什么；而成人的学习则带着强烈的目的性，他的自我意识很强，他知道什么是他需要的，什么对他是没用的。培训的信息、案例教学和其他资料必须迎合他们的兴趣和需要。成人学习有着自己的特点，每个人都形成了自己独立的知识体系，因此在培训中培训师要以启发为主，让学员作为讨论的主体，培训师则给予适当引导，向培训讨论的核心问题靠拢。

在此，我还总结了培训师在培训中需要遵循的一些原则，分享给大家，希望能给大家一些借鉴：

(1)必须注重学员实际问题的解决；

(2)必须能够联系学员的学习目标与需求；

(3)尊重学员的见解；

(4)尽量鼓励学员分享知识和经验；

(5)必须能够与学员以往的经历产生共鸣；

(6)允许不同意见、不同观点的发表；

(7)问学员问题，通常问一些大家都知道或者答案掌握在少数人手中的问题；

(8)不要给自己树立太多的问题，但要给更多的建设性建议加上个人色彩，如“我个人认为、我私下认为”等字句，不要给出太明确和肯定的答案，要动员大家去找答案。

培训师的第三项修炼：做游戏

游戏是帮助培训师打破课堂沉闷、尴尬气氛，提高学员学习兴趣与状态的非常有效的工具，在游戏过程中还可以增强学员的参与感与团队协作意识。因此，作为一名培训师，必须要掌握几个经典的游戏。当然，不论什么游戏，无论游戏进行到哪个环节，都必须在培训师的掌控之内，即放得开又收得回。

在准备游戏的时候要关注游戏本身与培训内容的关联性，尽可能做到与培训内容、学员背景相关。建议每一位培训师都要建立自己专属的一个游戏库，就像培训师的自助餐厅，可以迅速从中获取自己最需要的游戏、选择最适合自己需求的工具。

这里要提醒培训师的是不要为做游戏而做游戏，一定要让学员在游戏过程中有所感悟。

下面，我介绍一些经典的游戏给大家：

(1)拼图游戏

目的：促进团队沟通。

人数：适合 4—16 人。

道具：硬纸若干

说明：

①将一幅任意完整图片裁成 15 份，然后打乱分拆成 5 份装入信封。

②小组内每人得到一个信封，小组的任务将信封内的卡片拼装成相同形状的正方形。

规则：

①全过程不许交流。

②每人手里拿到的卡片只许给别人，不能从别人的手里拿

卡片。

任务：小组内的每个人都将散乱的图片拼成同样大小的正方形，最快的小组获得胜利。

陷阱：每个人自己完成以后认为OK了，就不愿将自己的纸片交给别人了。

目标：5个人拼成同样大小的拼图才算完成任务。交换纸片即是交换资源。在统一目标的指引下，资源信息要共享，彼此愿意、善于分享，将组织利益置于个人利益之上才是真正的“状况共有”。

(2)苹果与凤梨

目的：促进团队沟通。

人数：不限。

道具：无。

说明：

①全体学员围成一圈。

②培训师先和相邻的人进行演示。

培训师：这是苹果。

相邻的人回答：什么？

培训师：苹果。

相邻的人回答：谢谢！

③回答完这一对话程序，由相邻的人（甲）开始问他的下一个同伴（乙）相同的问题：

甲：这是苹果。

乙：什么？

甲（对训练师说）：什么？

训练师：苹果。

甲：苹果。

乙：谢谢！

④将此对话一直持续下去，最终传到培训师；同时培训师向另一个方向相邻的人传递凤梨，这样两句话就朝相反的方向进行传递。

⑤注意事项：

A. 培训师要密切注意对话的流向，特别是苹果和凤梨的走向；

B. 这是一个非常有趣和复杂的游戏，培训师应该提醒参与者注意对话过程中回答的规律，要求参加培训的人员要有特别高的注意力和反应能力；

C. 可作为晚会游戏或者暖场游戏。对于回答错误的学员，可以适当做些惩罚，比如做俯卧撑等。

(3)解手链

目的：让学员体会在解决团队问题方面都有什么步骤，认识到沟通的重要性，以及团队的合作精神。

人数：10 人一组为佳。

道具：无。

规则：

①培训师让每组成员圈着站成一个向心圈。

②培训师说：先举起你的右手，握住对面那个人的手；再举起你的左手，提住另外一个人的手；现在你们面对一个错综复杂的问题，在不松开的情况下，想办法把这张乱网解开。

注意：通常一定可以解开，但答案会有两种。一种是一个大圈，另外一种是两个套着的环。如果过程中实在解不开，培训师可允许学员决定相邻两只手断开一次，但再次进行时必须马上封闭。

培训师的第四项修炼：掌声训练

掌声是人类发明的最具震撼的肢体语言——是心与心之间无声的交流，是人与人之间爱的传递过程，是人们借以传达思想和心情的一种表达方式和沟通形式。

如果生命中没有掌声，生命便如同一口枯井，了无生趣。掌声对于这个动作的发出者来说代表的是肯定、鼓励、拥护；对于得到者来说是成功、收获、荣耀。

我们不应吝啬自己的掌声和喝彩。举手之劳换来的是自信的心灵，还有正在走向成熟和完善的人格。或许因为这一小小的鼓励而改变一个人的一生也未知。

请不要吝啬掌声，下面是我列举的几种鼓掌话术：

(1)要不要了解一下/想听吗？那就先来点掌声吧。

(2)给这个伟大、精彩的信息掌声鼓励一下。

(3)让我们用热烈的掌声来迎接今天/下面的课程。

(4)伸出你的金掌、银掌、锌掌，欢迎××登场。

(5)让我们用掌声来预祝明天的成功。

(6)把掌声送给会务组织的每一个人，感谢他们给我们一个这么好的学习机会。

(7)把掌声送给前后左右的人，谢谢你们(即将)给我一个好的安静的学习环境。

(8)大胆鼓掌，为别人，也为自己；更为丰富多彩的人生和美好的生活。

(9)父母把我们生下来，我们才有机会在这里相聚，为我们伟大的父母亲掌声鼓励一下。

(10)别人在娱乐，而我们在学习，为我们自己的选择掌声鼓励一下。

(11)今天我们学习到很多好的方法、技巧，我自己即将有的进步掌声鼓励、祝贺一下。

(12)让我感受一下当时的掌声好吗？

(13)现在为别人鼓掌，待会人家才为我们鼓掌。

(14)我们要不要为这个理论的提出者掌声感谢一下？

(15)我可以，在座的各位你们都可以，觉得可以的给自己掌声鼓励一下。可以超过我的再鼓励一下，超过我 10 倍的，给自己一流的自信热烈掌声鼓励一下。

(16)各位，你们快乐吗？快乐的声音在哪里？

(17)猩猩在非常愉快的情况下会像人类一样，两只爪子使劲拍,而有时许多人鼓掌时却面无表情。

(18)其实培训师不像你们想象中的那样坚强,他们内心深处也是很脆弱的,也需要掌声来支撑。

(19)每个人都像渴望阳光、空气、水一样渴望别人的爱,培训师也不例外,也同样渴望掌声。

(20)生命中不缺美,而缺赞美的掌声,对吗?

(21)我有个缺点,就是一听到掌声就比较兴奋,一兴奋就讲得比较好。

(22)据说掌声越热烈我就越兴奋,越兴奋就讲得越好。

(23)我有个缺点,就是人一多就脸红,一脸红就紧张,一紧张就讲不好,听说掌声可以消除紧张。

(24)每种掌声都负有使命,或高兴或肯定或敬佩,所以鼓掌的人也是有使命的人。

(25)据说成功者从不吝啬掌声。

(26)掌声能代表群体的文明程度。

(27)我从小就是一个缺乏爱与鼓励的人,所以不怎么自信,据说掌声可以让人产生自信,不知道各位能否帮我验证一下。

(28)把内心的欢呼、兴奋都用手表现出来吧!

当然,鼓掌的节奏也有很多种,在现场你可以根据实际情况,做鼓掌的训练。

游戏可以起到娱乐和调动现场功能的作用,很多时候是帮助学员放松心态。

如一个利用潜意识引导的看手指是否变长的游戏,我在开始只是告诉你做一个游戏，你以很放松的心态去比较两根手指的长短。当我告诉你手指可以变长，这时便引起了你的好奇心，于是你就全神贯注地按照我的说法去做，把意识全部加在指头长短上，当你再次对比发现手指真的长长了。

之后我会告诉你，那是因为你把注意力全部放在了手上，致使手指短的手肌肉紧张，就看起来变长了。手指长长后，对比时手一直不松，看着指尖，会发现手指慢慢变回原来的长度。

这样可以使学员全身心地投入，也能够放松自己。

培训师的第五项修炼：演故事

近年来许多管理书籍都不约而同地强调，企业推动任何策略执行或变革，都需要员工跟进，说故事因此成为领导人重要的能力之一。

讲道理不如讲历史，讲历史不如讲故事，讲故事不如讲案例，讲案例不如讲经历，讲经历不如做演示。

对培训师而言，与其说是讲故事，不如说是在演故事。许多人将一个好故事讲得索然无味，因为他是在“讲”，只是叙述而已，只能刺激观众的听觉神经。因为“演”，除了刺激听觉外，还能同时调整观众的视觉、想象、情感，甚至触觉等各种丰富的神经系统，效果也就不同。

因此，“演故事”是培训师极为重要的基本功，需要你将“讲”

改成“演”,完全“演”出故事的角色。

你可以用一个故事拉开你讲话的序幕,故事独有的趣味性将使你的听众更容易记忆。

我总结了一些“演”的技巧,一般包含以下一些方面:

你的眼神中要有图画,脑海里要有情境,肢体上要有模仿的动作,心理上要感同身受等。

“演”就要求培训师完全进入故事角色,以故事中角色的身份将故事表现出来,并让学员感受到!

说个好故事比纯粹陈述事实更有助于企业策略变革的推动,因为说故事可透过剧情包装创造吸引力,并从为对方着想的立场出发,进而争取认同。

说故事比纯粹说事实有效果的情况有以下几种。

(1)从平面变立体

当你希望听众能够深刻体会你的说法时,故事会比事实更有效果。例如,当你的角色是创造一个工作团队时,告诉员工你成长于一个拥有 12 个小孩的家庭,以及从小如何学习团队合作的故事,比起告诉员工,公司的绩效评估显示你是一个适合带领团队的人,来得有说服力。

(2)增加思考角度

一般人通常只从自己的角度看事情,因此他们无法接受你的说法。面对这种情况,你可以告诉他们一个极端的故事,破除他们局限的看法。例如,当父母不断告诉青少年“必须注意交通安全,因为统计数字显示车祸的发生率很高”时,青少年可能不以为然。但如果父母告诉子女他们的亲身故事，当他们在高中时，因为一场车祸丧失了一位好朋友，可能较能引起青少年的共鸣。

（3）化解棘手问题

有时候观众会挑战你，询问隐藏着陷阱的问题，这时候你可以通过说故事解围。例如，你告诉员工，说实话可以增进工作表现，结果有人抛出一个问题："你的意思是，不管什么情况下，我们都应该说实话？"这个时候如果你坚持回答是，显示你过于天真，但是如果你回答不是，又显得与之前的说法冲突。

在这种情况下，你可以告诉员工，有一次，你的一位同事第一次要登台做报告，临上台前他问你他的准备是否充足，虽然你认为他还有许多需要加强的地方，但是你还是点头，因为在那个情形下，告诉他实话对他毫无帮助，反而会让他更没信心。通过这个故事，你可以让员工了解，虽然你认为说实话具有正面意义，但是你也了解有例外的情形。

故事可以借事实点缀丰富的细节，故事经过加工后，具有较强的情绪影响力，往往能引起听众的注意及共鸣，并帮助你激励、影响和说服他人。

既然故事在许多时候都能发挥很好的作用，那么如何才能让别人静下心来听你说故事呢？

根据我的经验，讲好故事的第一步，就是你自己必须相信你的故事，之后你必须引起观众的好奇心，并且持续抓住他们的兴趣。

故事要以丰富、有感情的方式说出来，要避免让观众觉得无聊，除了选用的词汇语调外，面部表情及肢体动作也很重要。故事不要过长，也不要没有重点。

掌握了以上这些要点，相信你在培训演讲方面也会有一定的进步。